中国科技创新的金融支持研究

何 丹 著

 西南财经大学出版社
Southwestern University of Finance & Economics Press
中国·成都

图书在版编目(CIP)数据

中国科技创新的金融支持研究/何丹著.—成都:西南财经大学出版社,2024.2

ISBN 978-7-5504-6082-9

Ⅰ.①中… Ⅱ.①何… Ⅲ.①技术革新—金融支持—研究—中国 Ⅳ.①F124.3②F812.0

中国国家版本馆 CIP 数据核字(2024)第 034471 号

中国科技创新的金融支持研究

ZHONGGUO KEJI CHUANGXIN DE JINRONG ZHICHI YANJIU

何丹　著

策划编辑:陈何真璐

责任编辑:王甜甜

责任校对:李建蓉

封面设计:何东琳设计工作室

责任印制:朱曼丽

出版发行	西南财经大学出版社(四川省成都市光华村街 55 号)
网　　址	http://cbs.swufe.edu.cn
电子邮件	bookcj@swufe.edu.cn
邮政编码	610074
电　　话	028-87353785
照　　排	四川胜翔数码印务设计有限公司
印　　刷	成都市火炬印务有限公司
成品尺寸	170mm×240mm
印　　张	9.75
字　　数	189 千字
版　　次	2024 年 2 月第 1 版
印　　次	2024 年 2 月第 1 次印刷
书　　号	ISBN 978-7-5504-6082-9
定　　价	58.00 元

前　言

　　经济理论证明，经济增长存在稳态效应，当经济增长进入稳态区间时，单纯增加资本和劳动的投入无法达到更高的产出水平。科技创新通过改进生产要素的结合方式，提高生产要素结合效率来影响生产过程，是经济持续增长的动力源泉。我国经济进入新常态后，经济增长速度下降，人口红利逐渐消失，环境约束效应逐渐增强。在内需不足、外需乏力的情况下，单纯依靠劳动、资本及能源等要素投入的增加已难以获得持续的增长，通过科技创新提高生产要素配置效率成为我国经济实现高质量发展的唯一方式。科技创新具有高风险、高投入、高收益等特征，实践证明，金融体系能够通过资源配置、资本形成、风险分散、信息揭示和激励约束等机制促进科技创新发展。近年来，为了促进科技创新发展，我国中央和地方政府纷纷出台了相应的金融支持政策和财税优惠措施，科技贷款、科技保险成为科技金融的重要组成部分，资本市场、风险投资等为科技创新基础研究和成果转化提供了融资支持。但从总体上看，我国金融支持科技创新的力度还不够，支持效率相对较低，区域差距较为明显，离创新型国家的要求还有一定的差距。因此要从源头上治理我国科技创新金融支持不足及效率低下等问题，就必须要在厘清金融影响科技创新机制的前提下，结合我国实际探讨金融影响科技创新的内在规律，客观评价我国金融支持科技创新的效率，从中发现问题并提出有针对性的对策建议，从而为优化我国科技创新的金融支持体系，提升自主创新能力和构建创新型国家提供政策参考。

　　本书以分析金融对科技创新的影响及科技创新的金融支持效率评价为切入点，在对相关理论进行分析后，从供给和需求两个角度对我国金融支持科技创新的现状进行分析，结合金融发展的功能，研究金融支持科技创新的内在机理，探究我国金融影响科技创新的内在规律，在此基础上对我国部分省份金融支持科技创新的效率进行了客观评价，从分析过程中发现问题，有针对性地提出优化我国科技创新金融支持的政策建议。

本书共七章：

第1章　导论。本章介绍了本书的研究背景与研究意义，总结了国内外相关文献，并就文章的研究内容与框架、研究方法、创新点与不足进行简要的说明。

第2章　科技创新金融支持的相关概念及理论基础。本章对科技创新的概念及特点、金融发展的概念及功能进行界定，并根据技术创新理论、金融中介理论、金融深化理论、金融系统功能理论和科技金融理论分析金融对于科技创新的支持作用，为下面章节的分析奠定理论基础。

第3章　科技创新的金融支持供求分析。本章从供给和需求两个方面对我国科技创新金融支持的现状进行分析，在内在需求方面，主要从资金需求、风险管理需求、清偿需求、激励需求和其他金融服务需求进行剖析；而在供给方面，将分别从供给主体和供给渠道对金融支持科技创新现状进行描述。这一章通过供给和需求的分析更加清楚地展示我国金融支持科技创新的现状，并从中发现相应的问题，为后文做铺垫。

第4章　金融支持科技创新的作用机理。本书将从资源配置机制、资本形成机制、风险管理机制、激励约束机制以及信息揭示机制五个方面探究金融支持科技创新的内在机理，并在此基础上通过对传统生产函数的改进，以直接和间接的方式引入金融发展变量，探究金融支持科技创新的作用过程及影响效果。

第5章　我国科技创新的金融支持效率评价。本章在明确了科技创新与金融支持关系的基础上，运用DEA-Malmquist方法对我国整体及部分省市的科技创新金融支持效率进行评价，并从中发现问题。

第6章　我国科技创新金融支持存在的问题及成因分析。本章通过科技创新金融支持供求分析、金融支持对科技创新的影响分析和科技创新金融支持效率评价，总结出我国科技创新金融支持存在的问题，并对问题形成的原因进行分析总结。

第7章　优化我国科技创新金融支持的政策建议。本章针对我国科技创新金融支持存在的问题和成因，从优化原则和具体措施两个方面提出优化我国科技创新金融支持的政策建议。

何　丹

2023年8月

目　录

1 导论

1.1 研究背景与研究意义

1.1.1 研究背景

经济理论证明，经济增长存在稳态效应，当经济增长进入稳态区间时，单纯依靠资本的持续积累和劳动投入的增加无法达到更高的经济产出水平。西方经济学家对此进行了广泛的讨论，熊彼特于 20 世纪初将创新与企业生产过程结合分析后指出，创新对于企业生产具有重要意义，随后哈罗德、多马、索罗、库兹涅茨和罗默等经济学家从不同的角度探讨了科技创新的作用过程，结果表明科技创新主要通过改进生产要素结合方式来提高生产要素结合效率，进而影响企业生产，科技创新是经济持续增长的动力源泉。改革开放后，我国经济经历了长达 30 多年的高速增长，国内生产总值已经全面超越日本，跃居全球第二，但人均国内生产总值却相对较低。我国经济进入新常态后，经济增长速度下降，人口红利逐渐消失，环境约束效应逐渐增强。在内需不足、外需乏力的情况下，单纯依靠劳动、资本及能源等要素投入的增加难以获得持续的经济增长，通过科技创新提高生产要素配置效率成为我国经济实现高质量发展的唯一方式。2015 年 11 月，习近平同志提出要着力加强供给侧结构性改革，增强经济持续增长动力，而供给侧结构性改革的核心就是科技创新。2017 年政府工作报告中明确提出了 2017 年的重点任务之一是以创新引领实体经济转型升级，其中包括提升科技创新能力以及持续推进大众创业、万众创新等内容。2023 年党的二十大报告提出到 2035 年我国要实现"高水平科技自立自强，进入创新型国家前列"的远景规划目标。

科技创新具有高风险、高投入、高收益的特征，传统的投入产出模式难以满足科技创新活动的根本需求。现代经济体系下，金融广泛渗透于社会经济的各个方面，是现代经济的核心、实体经济的血脉，对推进中国式现代化作用重大。金融工具和金融市场是实现经济资源配置和投资组合优化必不可少的要素。一个功能完备、运行高效的金融体系应该能够通过资源配置、资本形成、风险分散、信息揭示和激励约束等机制促进科技创新发展。金融对科技创新的助推作用早在 20 世纪 50 年代欧洲的一些国家已经得到体现。第二次世界大战过后，美国、日本等发达资本主义国家大量运用信贷支持政策促进科技创新，这些政策对提升企业生产效率、国家科技水平起到了显著的促进作用。20 世纪 90 年代，金融市场扩张、金融技术和金融工具的创新为科技创新活动提供了更为广泛的融资渠道和风险管理手段，进一步促进了科技创新的发展。统计数据显示，20 世纪初发达资本主义国家科技创新对经济增长的贡献率仅为 5%~20%，20 世纪 50 年代，在银行信贷的大力支持下，该比例上升至 50%，20 世纪 90 年代，在金融创新的广泛推动下，该比例上升至 60%~80%。2008 年金融危机后，科技创新成为世界各国应对经济衰退的共同选择，正如德国经济学家哈特·门施所言，技术创新周期与经济周期逆相关，重大基础性创新的高峰均接近于经济萧条时期，技术创新是经济发展新高潮的基础，这也预示着未来世界各国的竞争将更多地依赖科技创新能力。

　　近年来，为了促进科技创新发展，我国中央和地方政府纷纷出台相应的金融支持政策。2011 年，《关于促进金融和科技结合加快实施自主创新战略的若干意见》就要求充分认识科技和金融结合的重要性；2016 年，"十三五"规划中强调深化科技金融试点工作；2017 年，党的十九大强调创新是引领发展的第一动力，着力加快金融支持实体经济和科技创新；2018 年，四川发布《四川省科技金融发展规划（2018—2020）》，着力阐述金融对科技创新的支持，这也是我国首部科技金融发展规划；2023 年，《政府工作报告》提出创设支持创新的金融工具，引导创业投资发展。经过长时间的理论和实践探索，科技贷款、科技保险成为科技金融的重要组成部分，资本市场、风险投资等为科技创新基础研究和成果转化提供了融资支持。然而，从总体来看，目前我国金融支持科技创新的支持力度还不够，支持效率也相对较低，区域差距较为明显，离创新型国家建设的要求还有一定的差距。因此要从源头上治理中国科技创新金融支持不足及效率低下等问题，就必须要在厘清金融影响科技创新机制的前提下，结合中国实际探讨中国金融影响科技创新的内在规律，在此基础上客观评价中国金融支持科技创新的效率，从中发现我国金融支持科技创新过程中存在的问题，进而为优化我国科技创新的金融支持体系、提升自主创新能力和构建创新型国家提供科学的决策依据。

1.1.2 研究意义

科技是第一生产力，一个国家的科技水平是一国综合国力的重要体现。我国由于历史和现实原因，在科技金融体系建设方面起步较晚，目前虽然取得了一些成效，但为科技创新活动提供的金融支持程度和金融服务水平仍远远落后于发达国家。随着经济全球化的深入发展，为了适应日趋激烈的国际竞争，我国必须由过去粗放型的经济增长方式转变为集约型增长方式，变"中国制造"为"中国创造"，经济增长方式的转变表明科技创新在经济增长中的作用日益增强。金融危机后，金融支持科技创新发展已经成为全球各国提升国际竞争力的共同价值取向。市场经济条件下，虽然企业应该作为我国科技创新的主体，但由于我国科技企业具有规模小、有形资产少、产业化生产周期较长等特点，并且我国金融市场体系建设还不完备，我国金融发展对科技创新支持的"麦克米伦欠缺"① 问题尤为严重，大部分科技创新企业在科技研发投入过程中都面临着较为严重的金融约束。在科技资源相对稀缺、市场机制还不健全的条件下，仅仅依靠单一的财政手段和传统的贷款融资很难满足科技创新企业多元化的金融服务需求，严重的金融约束已经对我国科技创新企业发挥正外部效应形成了较大的阻碍。尽管已有部分学者对我国科技创新金融支持体系进行了初步的研究，但从目前的研究成果来看，大部分研究成果还停留在讨论金融与科技创新关系的层面。本书以探讨金融支持科技创新的作用机制为出发点，深入探讨我国金融影响科技创新的内在规律，评价我国科技创新金融支持效率，从研究过程中发现问题，不仅可以为我国完善科技创新金融支持体系提供政策参考，也能够为我国以金融手段促进科技创新、实现高质量发展以及建设创新型国家提供相关的理论依据。本书的研究意义主要体现在以下两个方面：

---

① 麦克米伦缺口：企业发展过程中存在着资金缺口，资金的供应方却不愿意按照企业的需求提供资金。

（1）理论意义

现代经济条件下，金融与科技已经成为社会生产活动中最为活跃的两个因素，金融支持作为科技创新的重要推动力，有关其作用机制和过程的研究，学术界尚未形成体系。本书从资源配置机制、资本形成机制、风险分散机制、激励约束机制和信息揭示机制五个方面深入探讨金融支持科技创新的作用机制和过程，并在一般生产函数中引入科技创新和金融支持变量，通过数理推导的方式探讨金融影响科技创新的作用过程及效果，丰富了相关的理论研究体系。

（2）现实意义

本书从供给和需求两个角度对我国金融支持科技创新的现状进行分析，深入探讨了金融支持科技创新的作用机理，在此基础上探讨了我国金融支持科技创新的内在规律，运用 DEA-Malmquist 方法对我国金融支持科技创新的效率进行了客观评价，这对掌握我国金融支持科技创新的现状，认清我国金融支持科技创新过程中存在的问题具有较好的帮助，这也是后文提出相关政策建议的依据，希望能为我国完善科技创新金融支持提供适当的参考。

1.2　文献综述

目前关于科技创新与金融支持的研究文献主要集中在对科技创新与金融支持的关系、金融功能影响科技创新的方式、金融支持科技创新的效率以及科技创新金融支持体系的完善等方面。从研究成果来看，大部分学者认为，金融与科技创新之间存在良好的互动关系：一方面，金融发展能够为科技创新活动创造良好的外部环境，金融体系能够通过优化科技资源配置、缓解科技创新企业资金压力、提供科技创新风险管理手段，提升科技创新的产出效率；另一方面，科技创新也能够促进金融体系的发展和完善，科技创新的飞速发展促使支付方式向网络化及移动化转变，金融结算便利程度得到显著提升，管理效率也有了较大的提高。虽然金融发展对科技创新和经济增长具有显著的推动作用，但学术界对于金融支持科技创新的内在机制及过程，金融支持科技创新的效率等方面却存在较多争议。大部分研究文献还停留在现象探讨层面，仅有的理论分析及实证研究文献的研究结论也不尽相同。在"大众创业、万众创新"以及"建设创新型国家"等国家战略实施的背景下，金融影响科技创新的作用机制逐渐引起了人们的重视，如何优化科技创新的金融支持体系也成为人们热议的话题。为了更加清晰地展现科技创新与金融支持的研究现状，本书将从科技创新与金融支持的关系、金融支持对科技创新的作用、科技创新的金融支持效率、科技创新的金融支持方式四个方面对已有的研究成果进行综述。

1.2.1 科技创新与金融支持的关系

科技创新与金融支持之间存在双向互动关系。一方面，科技创新活动的开展离不开金融支持，金融支持能够推动科技创新活动的开展；另一方面，科技创新作用于金融，能够带来金融领域的巨大变革，伴随金融支持体系的完善和金融支持效率的提高，科技创新能够得到更充足的金融支持。科技创新与金融支持相互作用、相互影响，共同作用于经济增长。很多学者对科技创新与金融支持的关系进行了研究。

部分学者将技术创新、金融资本和经济增长纳入同一个框架内进行分析，深入研究了三者的动态关系。Mckinnon（1973）[①] 和 Shaw（1973）[②] 提出，金融体系通过资本和技术创新推动经济的发展。Moon 和 schwartz（2000）也认为，金融支持科技创新活动，能够促进经济发展和进步，缺乏金融支持的科技创新活动将是十分艰难的。卡萝塔·佩蕾丝（2007）[③] 对三次科技革命中技术创新、金融资本与经济增长之间的动态关系进行了研究，认为三者在技术革命中都发挥了各自不同的作用，提供了研究科技创新与金融支持关系的新范式。郭晓杰、刘文丽（2014）[④] 的研究也得出了类似的结论，认为技术创新、金融资本与经济增长构成推动世界发展的三大重要因素，他们将技术创新、金融资本与经济增长放在同一框架内进行动态分析，认为这三个因素通过相互影响和相互作用，共同推动经济的

---

① MCKINNON R I. Money and capital in economics development［M］. Washington D. C. Booking Institute Press，1973

② SHAW E. Financial depending in economic development［M］. Oxford：Oxford University Press，1973.

③ 卡萝塔·佩蕾丝. 技术革命与金融资本：泡沫与黄金时代的动力学［M］. 田方萌，译. 北京：人民大学出版社，2007.

④ 郭晓杰，刘文丽. 科技创新、金融资本与经济增长相关性的研究综述：兼论卡萝塔·佩蕾丝的《技术革命与金融资本》［J］. 科技管理研究，2014，34（10）：11-16.

可持续发展。Beck 等（2016）通过研究发现银行信贷支持能够促进企业技术及产品专利产出提升，实现生产效率提高，从而促进经济发展。Ekaterina（2016）通过建立国家层面的金融体系及科技创新关系模型，研究分析得出金融体系的完善不仅能够支持科技创新，还能通过优化市场资源配置提升经济运行效率。Stulz（2019）指出银行的信贷服务能够在很大程度上促进高新技术创业的创新活动。

还有一部分学者专注于研究金融与科技创新两者间的关系，认为两者的关系会越来越紧密。赵昌文等（2009）[①] 在《科技金融》一书中对金融与科技的相互作用做了系统性的分析，认为创新是科技金融的本质特征和发展的不竭动力，科技创新离不开金融创新的支持。李健、马亚（2014）[②]对科技创新与金融支持的关系进行动态研究，认为多渠道的融资及完善的金融服务能够促进信息技术创新，金融业由于信息技术的发展呈现出信息科技化的特征。随着经济深入发展，金融支持与科技创新的结合也更加紧密。俞立平（2013）[③] 认为金融发展与科技创新之间存在两层辩证关系，一方面，科技成果转化为现实生产力需要金融支持，金融现代化需要科技创新提供支撑；另一方面，科技能够促进金融创新和金融竞争力提升，并为金融稳定和安全提供保障。阙方平、曾繁华等（2015）认为金融与科技创新之间是相互促进、相互完善的关系。

在理论探讨的基础上，有部分学者从实证的角度验证两者之间的关系。E Wolff 通过对 1950—1979 年美国、英国、德国、印度、加拿大和日本等国的主要要素生产率的平均增长率以及资本量增长率、资本—劳动比率增长率以及平均投资额等指标进行实证研究，证明了技术创新与金融发展之间具有很强的相关性。Alessandra 等（2008）[④] 通过调查分析欧盟创新共同体数据，认为金融支持对英国的科技创新产生了一定的推动作用，英国科技创新的金融支持是比较充分的，完善的金融体系为科技创新提供了

① 赵昌文，陈春发，唐英凯. 科技金融 [M]. 北京：科学出版社，2009.

② 李健，马亚. 科技与金融的深度融合与平台模式发展 [J]. 中央财经大学学报，2014（5）：23-32

③ 俞立平. 省际金融与科技创新互动关系的实证研究 [J]. 科学学与科学技术管理，2013，34（4）：88-98.

④ ALESSANDRA C，STONEMAN P. Financial constraints to innovation in the UK：evidence from CIS2 and CIS3 [J]. Oxford Economic Papers，2008，60（4）：711-730.

强大的金融支持，促进了英国科技创新活动的开展。谭跃、周华和高丽（2016）[①] 运用协整模型对广东省科技创新与金融支持之间的互动关系进行实证分析，结果表明金融市场发展是科技创新发展的格兰杰原因，并认为银行贷款和政策性资金对于广东省科技创新活动发挥了重要的支持作用。王仁祥、杨曼（2015）[②] 用两阶段的 GMM 模型测算了金融创新与科技创新的耦合度，分析了动态最优框架和静态最优框架下，促使经济效率最大化的科技创新资本和金融创新资本的耦合比例。同时他们还认为发展中国家经济效率对科技创新资本与金融创新资本耦合比例的敏感度要高于发达国家。另外有部分学者验证了金融支持与科技创新对经济增长的影响。张林（2016）[③] 通过空间面板模型分析认为，我国金融支持和科技创新在长期和短期内都能够促进经济增长，却由于科技创新与金融支持之间的互动不足导致金融支持和科技创新融合对经济增长的作用十分有限。马凌远等（2019）采用 PSM-DID 方法对 286 个"促进科技与金融结合"的试点城市进行测算，发现金融支持能显著提升地区科技创新水平。

总体而言，金融支持与科技创新，两者相互依赖、相互促进，两者的良好互动能有效促进经济增长。

1.2.2 金融支持对科技创新的作用

金融促进技术创新的主要机理是动员储蓄、降低信息成本，为科技创新提供规避、防范和化解创新风险的手段和渠道（Mckinnon，1973[④]；Shaw，1973[⑤]）。阙方平、曾繁华等（2015）认为，金融对科技创新的支持作用主要体现在：第一，金融为科技创新提供了良好的外部环境；第二，金融能够为科技创新分散风险；第三，金融促进科技创新成果转化，使科技创新有了现实意义。从金融支持的类别来划分，国内外关于金融支持对

[①] 谭跃，周华，高丽. 广东省科技创新和金融市场协同效应分析及对策 [J]. 科技管理研究，2017，37（4）：44-49.

[②] 王仁祥，杨曼. 科技创新与金融创新耦合关系及其对经济效率的影响：来自 35 个国家的经验证据 [J]. 软科学，2015，29（1）：33-36，41.

[③] 张林. 金融发展、科技创新与实体经济增长：基于空间计量的实证研究 [J]. 金融经济学研究，2016，31（1）：14-25.

[④] RONALD MCKINNON. Money and capital in economics development [M]. Washington D. C. Booking Institute Press，1973.

[⑤] SHAW E. Financial depending in economic development [M]. Oxford：Oxford University Press，1973.

1 导论 | 7

科技创新作用的相关研究，主要可以分为两大板块，一是金融机构对于科技创新的支持作用，二是资本市场对于科技创新的支持作用。

（1）金融机构对于科技创新的支持作用

国外的经济学家早在 20 世纪初就展开了对金融机构支持科技创新的研究。奥地利经济学家约瑟夫·熊彼特（1912）①对金融与技术创新的关系进行分析，认为经济发展的实质在于创新，创新是生产要素的组合，银行信用的重要作用是为生产要素新组合提供购买力，这种购买力不是来自真实票据的贴现和抵押，而是来自银行信用创造，银行信用通过为生产要素组合提供购买力来推动经济的发展。由于健全的银行体系有利于甄别出有投资价值的创新项目，促进科技创新和进步，因此银行系统有助于经济发展与科技创新活动的开展。他认为没有信贷就没有现代工业体系的建立，现代工业体系只能依靠创新建立，而信贷对于创新实现又至关重要，因为信贷作为首要因素，正是以新组合为契机进入循环流转的。King 和 Levine（1993）②认为，银行等金融机构可以通过判断企业以及项目的前景，对其中最具潜力的企业和项目加大信贷资金的支持，从而达到促进科技创新的目的③。

虽然金融机构对于科技创新的推动作用无可争议，但实际上科技型中小企业在需要金融支持时却面临重重困难。英国金融产业委员在 20 世纪 30 年代，提出了著名的"麦克米伦缺口"，指出中小企业在发展过程中存在严重的资金短缺，金融机构愿意或能够为中小企业提供的融资服务的资金数额与中小企业需要的融资数额之间存在非常大的缺口，资金的短缺严重制约了中小企业的发展。另外，对于科技型中小企业，即便是金融机构愿意为其提供资金支持，但是由于科技创新项目高投入、高风险的特征，以及金融机构自身的投资偏好和风险规避需求，科技企业和科技创新项目难以获取相应的资金支持。从这一层面来说，金融支持科技创新活动开展的程度是不高的。林毅夫和李永军（2001）④分析了我国中小企业相对于

---

① 约瑟夫·熊彼特. 经济发展理论（中译本）[M]. 何畏，易家祥，译. 北京：商务印书馆，2000.

② KING R, LEVINE R. Finance and growth, schumpeter might be right [J]. The Quarterly Journal of Economics, 1993, 108 (3)：717-738.

③ 胡苏迪，蒋伏心. 科技金融理论研究的进展及其政策含义 [J]. 科技与经济，2012, 25 (3)：61-65.

④ 林毅夫，李永军. 中小金融机构发展和中小企业融资 [J]. 经济研究，2001 (1)：11-18.

大企业而言，生产了更多的社会财富，符合我国的资源比较优势，在我国银行业较为集中的现状下，中小金融机构倾向于向中小企业提供融资渠道，同时他们也论证了发展中小金融机构对于科技创新企业发展与科技创新的积极影响，说明大力发展中小金融机构已经成为解决我国中小企业融资困难问题的最佳途径。连平（2017）指出，应当充分发挥各类金融机构的作用，通过建设科技园促进金融与科技的融合。

（2）资本市场对于科技创新的支持作用

除了金融机构以外，国内外的学者还广泛研究了资本市场对于科技创新的支持作用。Chowdhury 和 Maung 分别运用最小二乘法、交叉变量回归法和面板回归法对新兴国家和发达国家的科技创新金融支持情况进行了实证分析，结果表明金融市场的发展水平对于科技投入有明显的影响，金融市场的成熟程度越高，其对于科技投入的促进作用就越明显。Douglas Diamond 和 Philip Dybvig 创立了流动性的模型，研究了金融制度的安排、流动性和技术创新之间的关系，他们认为稳定的技术创新源于金融制度的安排和金融市场较强的流动性。King 和 Levine（1993）[①] 强调，持有具有创新和可分散风险项目所发行的股票可以有效降低风险，并促进社会对科技创新活动的投资，他们的研究结果揭示了资本市场和科技创新之间的相互作用关系。Kortum 和 Lerner（2002）通过实证研究方法收集美国 1965—2002 年的 20 个制造行业的数据，建立专利生产函数，以衡量美国风险投资对科技创新效率的影响，结果表明在不同的年度，风险投资对于科技创新的支持程度不同，但是均能有效发挥对科技创新的推动作用。国内方面，邓乐平等（2001）认为资本市场是科技创新的重要保证，金融与高科技的融合是通过资本市场尤其是风险资本市场完成的。郭澄澄等（2022）基于 2001—2020 年中国 A 股市场高新技术企业的样本数据，开展多层次资本市场对科技创新的作用机制研究，发现资本市场结构多元化有利于我国高新技术企业资本积累和全要素生产率的提升。

还有部分学者较为关注中小型科技企业的融资问题。李坤、孙亮（2007）聚焦中小企业的融资问题，他们认为，开放性的金融能够推动中小企业通过资本市场融资有效解决融资难问题，同时有助于中小企业提高科技创新能力，改善自身经营管理，增强企业竞争力。中小企业当然也包

---

① KIING R，LEVINE R. Finance and growth，schumpeter might be right［J］. The Quarterly Journal of Economics，1993，108（3）：717-738.

括科技企业。由此可见，国内外学者的研究均表明，资本市场对于科技创新也具有显著的支持作用。程欣炜等（2015）运用二元 Probit 模型，研究发现科技型中小企业较一般中小企业更容易获得银行贷款，金融产品创新是影响科技型中小企业融资最重要的因素。袁卓苗（2018）运用 DEA 中的超效率 CCR 模型测算了 76 家新三板科技型中小微企业在 2014—2015 年的融资效率，并提出提升中小科技企业融资效率的对策建议。

1.2.3　科技创新的金融支持效率

国内外关于科技创新的金融支持效率的研究主要分为两个部分：一是对科技创新的金融支持效率进行评价，二是探讨科技创新的金融支持效率低下的原因。

（1）对科技创新的金融支持效率的评价

20 世纪 90 年代，部分学者的研究已间接地反映出当时科技创新的金融支持效率较低，金融对科技创新的支持力度是不足的（Ennew，1996；Bella，1993）。进入 21 世纪以后，我国部分学者也对我国科技创新的金融支持效率进行了评价。王海、叶元熙（2003）[①] 分析我国 1991—1999 年科技产出与金融支持程度的关系是否协调，即科技与金融相结合产生的效益问题，通过实证分析方法说明科技活动指数和金融支持程度指数都在不断增加，但是科技与金融的结合效益并没有增加，从科技活动产出内部结构分析，科技对于经济的促进作用发挥得不够充分。这说明，我国目前科技与金融的结合效益不高，金融支持科技发展的效率还需要不断提升。王卫彬等（2014）[②] 对浙江嘉兴的科技金融支持高新技术产业发展效率进行了实证分析，得出如下结论：科学技术是第一生产力，目前科技推动产业成倍增长的作用还未完全发挥，嘉兴市科技金融促进高新技术产业发展的效率还有待提升。熊广勤等（2014）[③] 对科技产业上市公司的金融支持效率进行了实证研究，认为目前我国的科技产业资金筹集与配置效率有待提升，市场风险、直接融资行为和间接融资行为对于资金筹集和配置效率在

[①]　王海，叶元熙. 科技金融结合效益的评价研究 [J]. 管理科学，2003（4）：67-72.

[②]　王卫彬，俞杰龙，朴基城. 科技金融与高新技术产业发展的实证研究：来自浙江嘉兴的例证 [J]. 科技管理研究，2012（24）：117-123.

[③]　熊广勤，郑旸. 科技产业上市公司金融支持效率及其影响因素研究 [J]. 科技管理研究，2014（14）：106-113.

长期和短期均会产生影响。胡欢欢等（2022）测算出我国科技金融效率总体呈逐年递增的趋势，但是存在不同程度的波动。总体而言，我国学者普遍认为，我国科技创新的金融支持效率较低，有待提升。

（2）科技创新的金融支持效率低下的原因

部分学者认为，金融制度是导致我国科技创新的金融支持效率低下的原因。黄国平、孔欣欣（2009）[①] 认为我国的金融体系支持科技创新主要通过债券融资和股权融资两种途径，前者是以银行贷款为主，后者是通过风险投资和资本市场直接融资。我国的金融制度和金融结构是以国有银行为核心、商业银行为主导，这样的金融体系与科技创新主体的多样化融资需求不相适应，存在结构性的不协调。我国银行的分业经营模式虽然有助于保障金融安全，防范系统性金融风险，但是却在一定程度上抑制了金融机构参与科技创新活动的能力和动力，也不利于金融机构创造出参与科技创新活动所必需的金融产品。从金融生态环境上来看，我国的征信体系和金融生态环境建设不尽如人意，我国金融法律的着眼点主要在于降低金融风险，这一原则与科技创新活动的特征相冲突，因此我国科技创新融资难度是比较大的，科技创新活动需要的金融支持严重不足。根据目前我国经济发展状况来看，这种支持的欠缺会加剧，需要国家为科技创新活动提供政策性融资制度安排。郭建民（2011）[②] 着眼于县级层面，认为在县域金融方面，金融对于科技创新的支持力度是不足的，由于县域金融体系结构的不完善，存在金融抑制现象，金融约束导致科技创新资金供给不足，县域科技创新企业"融资难"现象突出，县域金融支持科技创新的效率低下。王宁、王丽娜（2013）[③] 认为我国科技创新成果转化的金融机制存在以下不足：一是商业性金融机构的科技贷款门槛高，信贷资金过分强调"安全性"，金融产品创新不足；二是信用担保机构的担保规模小，缺乏为科技创新活动提供担保的积极性；三是风险投资机构科技投资积极性不高，对科技创新的支持力度不够；四是保险公司科技保险缺乏业务实践，并没有得到相关部门的重视，科技企业投保意识不强，科技保险的市场环

① 黄国平，孔欣欣. 金融促进科技创新政策和制度分析 [J]. 中国软科学 2009 (2)：28-37.
② 郭建民. 县域金融支持科技创新的作用机制、制约因素与对策分析 [J]. 科学管理研究，2011 (10)：6-9.
③ 王宁，王丽娜. 论我国科技成果转化的金融支持机制与发展对策 [J]. 科技管理研究，2013 (19)：38-40.

境不稳定。

另一部分学者认为，我国科技创新的金融支持效率在不同区域间存在异质性，部分区域科技创新的金融支持效率低下是由区域经济发展水平低下和金融体系不完善造成的。曹颢等（2011）[①] 对我国不同区域的金融支持科技创新程度进行了实证分析研究，认为北京尤其是以中关村为代表的高科技产业发展迅猛，金融对于科技创新的支持效率较高；广东、上海地区的科技金融基础雄厚，资金充足，有多层次的资本市场和高科技产业园区，金融支持科技力度会不断加大，金融与科技结合也将不断深化，科技创新的金融支持效率也不断提升；江苏、浙江、福建、天津地区由于沿海的区位优势，金融支持科技的程度较高，金融支持效率有进一步提升的空间；山东、湖北、湖南、黑龙江、陕西、辽宁、重庆地区金融支持科技发展的程度不如前三类，但是具备较好的科技金融发展基础，需要进一步提升科技创新活动的金融支持效率；云南、山西、江西、内蒙古、河南、新疆、四川、甘肃、广西、贵州、宁夏、吉林、河北、安徽、青海这些地区处于内陆，综合经济实力和创新能力一般，金融发展滞后，体系不完善，难以为科技创新提供充足的金融支持，科技创新的金融支持效率低下；西藏地区地处偏远，自然环境恶劣，经济社会发展落后，科技创新的金融支持效率、经费和资源各项指标都很薄弱。刘降斌、李艳梅（2008）[②] 选取了长江三角洲、珠江三角洲、东北老工业基地、内陆科技圈四个区域的科技型中小企业面板数据，对其自主创新金融支持体系进行了实证研究，认为从长期看，金融体系与科技型中小企业自主创新能力之间存在因果关系，长江三角洲和珠江三角洲的科技创新金融支持效率较高。在成熟的投融资体系条件下，科技型中小企业的资金利用效率也较高，并提出发展中小金融机构、注意金融体系支持时滞性，实施科技型中小企业的区域化金融体系发展战略等政策建议。荣婷婷、赵峥（2015）[③] 运用三阶段 DEA 模型对我国省区创新效率进行了实证研究，认为我国大部分省份的金融支持科技创新效率呈现上升趋势，但是区域之间科技创新的金融支持效率不平

---

① 曹颢，尤建新，卢锐，等. 我国科技金融发展指数研究 [J]. 中国管理科学，2011（6）：134-140.

② 刘降斌，李艳梅. 区域科技型中小企业自主创新金融支持体系研究：基于面板数据单位根和协整的分析 [J]. 金融研究，2008（12）：193-206.

③ 荣婷婷，赵峥. 区域创新效率与金融支持的实证研究 [J]. 统计与决策，2015（7）：159-163.

衡，并认为金融机构贷款余额总额能够减少投入冗余，提高创新效率，直接融资总额的提高能够提升创新效率，而来自政府科技资金的增加则会降低创新效率。庞金波（2020）基于 PP-SFA 方法测算我国科技金融投入产出效率，发现东中西部的科技金融效率值存在差异，各区市科技金融发展不均衡。

1.2.4 科技创新的金融支持方式

黄国平和孔欣欣（2009）[①] 指出，金融系统对创新系统的支持有两个方面，一是为创新主体创造完善的融资环境和融资渠道，二是为规避和化解创新风险提供金融工具和制度安排。他们通过对比金融市场主导型的金融体系和金融中介主导型的市场体系，认为从促进科技创新的实践和历史发展来看，金融市场主导型的金融结构比金融中介主导型的市场结构更有效率。秦军（2011）[②] 的观点与黄国平和孔欣欣（2009）类似，他肯定了金融对于科技创新的积极作用，认为金融可以为科技创新创造融资环境和提供融资渠道，同时可以为创新活动中风险的化解和规避提供金融工具和制度安排。

（1）完善融资环境和渠道

对于科技创新的金融支持方式，部分学者认为，完善融资环境和渠道是首要任务。蒋玉洁、徐荣贞（2007）[③] 认为应该优化金融生态环境，为创新型中小企业提供支持，主要举措包括：发展专门为创新型中小企业提供服务的政策性银行；完善证券市场和保险市场；鼓励民间资本参与自主创新活动的投资；完善风险投资主体的投资结构。邓平（2009）[④] 认为，科技创新与金融发展之间存在着长期均衡的关系，我国目前的间接融资结构不利于科技创新活动的开展和进行，通过不断完善资本市场来支持科技创新的力度有待增强。吴逾峰（2011）根据首都自主创新的特点，总结了首都地区金融支持科技创新活动的经验，首先是充分利用信贷市场，发挥信贷资金支持自主创新企业融资的主导作用；其次是建立多层次的资本市场，实现综合化融资对自主创新企业的金融支持作用。刘诗白（2013）[⑤] 认为

---

① 黄国平，孔欣欣. 金融促进科技创新政策和制度分析 [J]. 中国软科学 2009 (2)：28-37.
② 秦军. 科技型中小企业自主创新的金融支持体系研究 [J]. 科研管理，2011 (1)：79-88.
③ 蒋玉洁，徐荣贞. 自主创新型企业的金融支持研究 [J]. 经济问题探索，2007 (11)：145-149.
④ 邓平. 中国科技创新的金融支持研究 [D]. 武汉：武汉理工大学，2009.
⑤ 刘诗白. 以科技创新促转型稳增长 [J]. 经济学家，2013 (11)：5-13.

应深化金融改革，推进金融创新，建立起包括银行信贷、投资基金、风险资本和二板市场等在内的科技投融资支撑体系，此外，他还重点指出完善风险投资机制和创业板市场制度是加快科技创新的重要条件。熊广勤等（2014）[①] 提出了提升高新技术产业金融支持效率的政策建议，一是完善科技创新企业的融资机制，二是扶持优质科技企业上市，拓展融资渠道，三是加速筹建区域性股权交易市场。

（2）提供金融工具和制度安排

另一部分学者认为，提供金融工具和制度安排也是金融支持科技创新的重要方式。李增福（2007）[②] 认为科技创新活动需要金融支持，主要基于以下两个方面的原因，一是科技创新活动存在较大资金缺口，技术创新的资金需求不能通过市场机制有效解决；二是科技创新活动具有较强的正外部效应，因此需要从金融制度上健全融资渠道，以金融制度的合理安排促进科技创新活动。赵昌文等（2009）[③] 认为，金融对于科技创新的支持主要体现在金融工具、金融制度、金融政策以及金融服务的系统安排上，并据此提出了"科技金融"的概念。林江怀、李颖、王春超（2009）[④] 研究了金融对科技的支持体系和路径，提出要构建科技创新的政策性金融支持路径，通过政策性金融解决市场失灵问题。其中，一是创造宽松的税收环境，可采用税收减免、贷款贴息或是政府转移支付等方法；二是构建科技创新的信贷支持路径，通过金融工具创新来缓解科技创新活动对于银行信贷资金的依赖以及银行惜贷这一矛盾，并提出在抵押担保方面可以建立专门为科技型中小企业提供担保的担保公司，采用无形资产抵押的方式提高对科技型中小企业的金融支持；三是构建科技型中小企业融资的直接融资路径，建立符合中小企业发展特点的资本市场。

（3）构建科技创新的金融支持体系

彭纪生、孙文祥和仲为国（2007）[⑤] 研究指出金融支持的加强能够对

① 熊广勤，郑旸. 科技产业上市公司金融支持效率及其影响因素研究 [J]. 科技管理研究，2014（14）：106-113.

② 李增福. 中小企业技术创新的金融支持研究 [J]. 科学管理研究，2007（12）：73-76.

③ 赵昌文，陈春发，唐英凯. 科技金融 [M]. 北京：科学出版社，2009.

④ 林江怀，李颖，王春超. 金融对科技创新的影响及其支持路径 [J]. 江西社会科学，2009（7）：90-93.

⑤ 彭纪生，孙文祥，仲为国. 中国技术创新政策演变与绩效实证研究（1978—2006）[J]. 科研管理，2008（7）：134-150.

专利的发明起到重大的促进作用，财政措施在推动重大技术发明的同时，会对专利产生负面影响，他们由此得出了完善的现代金融体系是促进科技创新必不可少的外部条件这一结论。邓平（2009）认为我国优化科技创新金融支持的重点主要在以下几个方面：首先是充分发挥政策性金融的杠杆效应；其次是提升商业性金融的支持力度，包括继续深化国有银行改革、放宽科技贷款利率管制以及鼓励金融创新等；再次是提出从主板市场、创业板市场以及场外交易市场等方面发展多层次的资本市场；最后是发展风险投资。除此以外，他还认为应该通过加强信用环境建设、发展金融中介组织以及培养人才来进行配套。中国人民银行西安分行营业管理部课题组（2010）① 通过对西安金融支持科技创新活动的分析，得出以下强化金融对科技创新活动支持的路径选择：一是进一步优化和完善银行间接融资服务体系；二是构建多层次的科技创新活动直接融资服务体系；三是完善科技创新活动的创业风险投资支持体系；四是不断完善金融服务网络体系。李兴伟（2011）② 提出了构建中关村科技金融内循环体系的对策：一是优化信贷融资规模和结构，完善信贷服务体系；二是通过法律、组织以及考核等制度安排增加中小企业信贷供给；三是发展中小企业的政策性金融机构；四是促进信用信息共享、信用监督、现代公司治理体制机制完善。严瑞芳（2014）③ 从投入、结构以及效率三个维度提出了完善科技创新金融支持体系的政策建议：首先适度扩大金融规模，建立高新技术产业金融支持多元投入体系；其次，优化调整金融结构，形成高新技术产业高效融资机制；最后稳步提升金融效率，实现金融与高技术产业的高效无缝对接。

（4）风险投资对科技创新的支持

部分学者重点讨论了风险投资对科技创新的支持。Hall（2002）④ 认为风险投资对于完善金融体系意义重大，因为风险投资是在资本市场上支持科技创新最有效的工具，它能够有效解决信息不对称，降低科技创新企

---

① 中国人民银行西安分行营业管理部课题组. 充分发挥金融在科技自主创新中的促进作用 [J]. 西部金融，2010（10）：7-9.

② 李兴伟. 中关村科技金融创新的举措、问题及对策 [J]. 证券市场导报，2011（4）：55-60.

③ 严瑞芳. 高新技术产业发展中的金融支持机理分析 [J]. 金融经济，2014（12）：93-95.

④ HALL BRONWYN H. The financing of research and development [J]. Oxford Review of Economic Policy，2002，18（1）：35-51.

业融资成本，并防范道德风险。Kaplan 和 Stomberg（2003）[1] 通过研究指出，风险投资不仅能有效为科技创新企业提供资金，还能够参与到科技创新企业的管理之中，降低创新企业的融资成本和管理成本，从而产生推动创新发展的作用。Gans 和 Stern（2000）[2] 则对风险投资的科技创新支持作用持否定的态度，认为风险投资无法实现对科技创新企业知识产权的全面保护，因此支持科技创新的作用有限。Engel 和 Keibach（2007）[3] 以规模、行业以及其他方面相似的德国企业为研究对象，分析风险投资对这些企业的影响，认为风险投资对中小企业的发展有影响，但是对创新活动的产出影响不显著。风险投资作为科技创新金融支持的最主要渠道之一，国外学者对其也进行了大量的研究，有的学者认为风险投资能够有效促进科技创新活动的开展，有的学者则对风险投资能够对科技创新产生的支持作用持保留态度。

通过研究整理已有文献，本书发现，大部分学者尤其是我国的学者认为，完整的科技创新金融支持体系应该包括完善的资金供给体系、金融服务机构体系、金融监管体系以及金融法律体系。

1.2.5 研究现状评述

国内外学者对于科技创新的金融支持研究取得了一定的成果，并主要集中在分析科技创新与金融支持的关系、金融支持对科技创新的作用、科技创新的金融支持效率和科技创新的金融支持方式四个方面。

在科技创新与金融支持的关系方面，大部分学者对科技创新与金融支持之间的关系进行了详细分析，认为两者相互作用、相互影响。一方面，科技创新活动的开展离不开金融支持，金融支持能够推动科技创新活动的开展；另一方面，科技创新作用于金融，能够带来金融领域的巨大变革，伴随金融支持体系的完善和金融支持效率的提高，科技创新能够得到更充足的金融支持。总体而言，金融与科技创新相互依赖，相互促进，两者的良好互动能有效促进经济增长。

---

① KAPLAN S N, STOMBERG P. Financial contracting theory meets the real world：an empirical analysis of venture capital contracts ［J］. Review of Economic Studies，2003，70：281-295.

② GANS J，STERN S. When does funding research by smaller firms bear fruit：evidence from the SBIR program ［J］. Economics of Innovation and New Technology，2003，12（4）：361-384.

③ ENGEL D，KEIBACH M. Firm-level implications of early stage venture capital investment：an empirical investgation ［J］. Journal of Empirical Finance，2007，14（2）：150-167.

金融支持对科技创新的作用方面，国内外学者的相关研究主要包括两大部分，即金融机构对于科技创新的支持作用和资本市场对于科技创新的支持作用。在金融机构对于科技创新的支持作用方面，存在一个突出的问题，即科技型中小企业在需要金融支持时面临重重困难，因此相关学者指出，大力发展中小金融机构是解决我国中小企业融资困难的最佳途径。关于资本市场对于科技创新的支持作用，国外学者进行了大量实证分析，揭示了资本市场和科技创新之间的相互作用关系；国内学者则着眼于科技型中小企业的融资问题，认为开放性的金融能够推动中小企业通过资本市场融资。总之，金融支持对科技创新的支持作用毋庸置疑。

在科技创新的金融支持效率方面，国内外关于科技创新的金融支持效率的研究主要分为两个部分：一是对科技创新的金融支持效率进行评价，二是探讨科技创新的金融支持效率低下的原因。在对科技创新的金融支持效率进行实证评价后，我国学者普遍认为，我国科技创新的金融支持效率较低，有待提升。关于科技创新的金融支持效率低下的原因，部分学者将矛头指向现行的金融制度，认为现有的金融体系与科技创新主体的多样化融资需求不相适应，存在结构性的不协调，此外，金融生态环境有待改善，我国的征信体系也亟需完善。另一部分学者认为，我国科技创新的金融支持效率在不同区域间存在异质性，部分区域效率低下是由区域经济发展水平低下和金融体系不完善造成的。

科技创新的金融支持方式方面，部分学者认为这主要包括两部分的内容，一是为创新主体创造完善的融资环境和融资渠道，二是为规避和化解创新风险提供金融工具和制度安排。一部分学者认为，完善融资环境和渠道是首要任务。另一部分学者认为，提供金融工具和制度安排也是金融支持科技创新的重要方式。还有部分学者提出了构建科技创新的金融支持体系。其中，部分学者重点讨论了风险投资对科技创新的支持作用，有的学者认为风险投资能够有效促进科技创新活动的开展，有的学者则对风险投资能够对科技创新产生的支持作用持保留态度。

通过文献综述发现，国内外人部分学者并没有将科技创新金融支持与经济发展水平进行分阶段的关联分析，而事实上在一些落后地区，金融投入的增加反而会阻碍科技创新活动的开展，如果不把这个前提分析好，那么后面所做的对策建议只是对综合经济实力较强的地区有意义。并且国内外学者大多偏向于重视资本市场和风险投资对于科技创新的支持作用，不可否认，完善的资本市场以及发达的风险投资对于科技创新确实有直接的促进作用。然而就我国而言，资本市场建设尚不完善，风险投资机制尚不成熟，在这种情况下，片面强调资本市场和风险投资的作用可能会对科技创新金融支持机制建设产生错误的导向作用。现有的文献均认为科技创新金融支持涵盖资本市场、风险投资、商业性金融机构以及政策性金融等内容，但是在实际研究中，研究风险投资和资本市场对科技创新作用的文献较多，研究政策性金融和商业性金融机构对科技创新作用的文献较少，研究直接金融支持程度、间接金融支持程度以及政策性金融支持程度综合作用的文献也较少，并且实证分析也多集中于对部分经济条件较好区域和地区的科技创新金融支持分析，很少对经济落后地区的科技创新金融支持机制进行分析，实证分析选取的指标针对性较弱，导致实证研究结果与现实情况存在一定差距。

1.3 研究内容与方法

1.3.1 研究内容与框架

本书以分析金融对科技创新的影响及科技创新金融支持的效率评价为切入点，在对相关理论进行分析后，从供给和需求两个角度对我国金融支持科技创新的现状进行了分析，结合金融发展的功能，研究了金融支持科技创新的内在机理，运用门槛效应模型探究了我国金融影响科技创新的内在规律，并在此基础上对我国部分省份金融支持科技创新的效率进行了客观评价，希望从分析过程中发现问题，并有针对性地提出优化我国科技创新金融支持的政策建议。

本书共七章：

第1章 导论。本章介绍了研究背景与研究意义，总结了国内外相关文献，并就本书的研究思路、研究方法、研究框架、创新与存在的不足进行简要的说明。

第2章 科技创新金融支持的相关概念及理论基础。本章对科技创新的概念及特点、金融发展的概念及功能进行界定，并根据技术创新理论、金融中介理论、金融深化理论、金融系统功能理论和科技金融理论分析金融对于科技创新的支持作用，为下面章节的分析奠定理论基础。

第3章　科技创新的金融支持供求分析。本章首先分析科技创新对金融支持存在内在需求：资金需求、风险管理需求、清偿需求、激励需求和其他金融服务需求；其次分析科技创新的金融支持供给主体、供给渠道；最后分析科技创新金融支持的法律及监管体系，得出我国科技创新金融支持体系不完善的结论。

第4章　金融支持科技创新的作用机理。本章从资源配置机制、资本形成机制、风险管理机制、激励约束机制以及信息揭示机制五个方面揭示金融支持影响科技创新的内在机理，在此基础上对传统生产函数进行改进，以直接和间接的方式引入金融发展变量，推导结果显示金融支持对科技创新的影响很可能存在非线性的特征。在经济发展程度较低的地区，金融投入增加会降低科技创新产出；在经济发展程度相对较高的地区，金融投入会大幅增加科技创新产出；而在经济发达的地区金融投入也会促进科技创新产出增加，但是促进作用相对较小，主要是因为经济发展到一定阶段后，科技创新金融支持会出现边际收益递减。

第5章　我国科技创新的金融支持效率评价。本章在明确了科技创新与金融支持关系的基础上，运用实证研究方法对我国金融支持体系对科技创新的作用效率进行评价。本研究具体采用 DEA-Malmquist 方法，并选取我国北京、天津、河北、山西、辽宁、黑龙江、上海、江苏、浙江、福建、山东、湖北、湖南、广东、重庆、四川、云南以及新疆等 27 个省（区、市）2012—2021 年的面板数据进行研究，通过对不同省份和不同区域的金融支持科技创新效率进行测算，发现由于我国科技创新的金融支持效率整体上呈现不断上升的趋势，但是各区域由于在基础设施、经济发展水平以及金融体系建设方面存在差异，科技创新的金融支持效率不尽相同。研究结果显示部分金融发展较好的区域科技创新的金融支持效率出现下降，这说明对这些地区并不能简单依靠金融投入的增加来实现科技创新的发展，而应该更多地在现有金融投入规模的基础上考虑提升效率。

第6章　我国科技创新金融支持存在的问题及成因分析。本章通过科技创新金融支持供求分析、金融支持对科技创新的影响分析以及科技创新金融支持效率评价，总结出我国科技创新金融支持存在的问题主要表现在科技创新的金融支持体系不健全、金融支持科技创新存在资源错配以及科技创新的金融支持效率区域差异大这三个方面，并对问题的形成原因进行了总结。

第 7 章　优化我国科技创新金融支持的政策建议。本章针对我国科技创新金融支持存在的问题和成因，从优化原则和具体措施两个方面提出优化我国科技创新金融支持的政策建议。

本书的总体思路和技术路线见图 1.1。

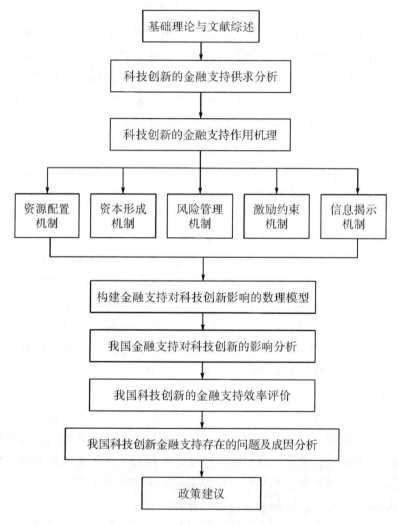

图 1.1　总体思路和技术路线

1.3.2　研究方法

本书在对我国科技创新金融支持的研究过程中，遵循社会科学研究问题的一般思路，按照发现问题、分析问题、解决问题的思路对我国科技创新的金融支持进行研究。为了保证研究的合理性和准确性，本书综合运用了金融学、统计学、计量经济学等相关学科的知识。

（1）从抽象到具体。本书以科技创新的概念及特点和金融发展的功能分析为出发点，探讨了金融影响科技创新的一般作用机理。结合我国科技创新金融支持的现实情况，分别从供给和需求两个角度对我国科技创新金融支持的情况进行了梳理，从而使得本书对我国科技创新金融支持的现状把握得更好。

（2）规范与实证相结合。本书运用规范分析的方法总结了金融影响科技创新的内在机理，然后通过数理模型说明金融对科技创新的影响可能呈现非线性特征。在对我国科技创新金融支持相关指标进行整理计算的基础上，运用门槛效应模型证实了我国金融对科技创新的影响确实呈现非线性特征。

（3）定性与定量相结合。本书从供给和需求两个角度对我国科技创新的金融支持现状进行了定性分析，从分析结果来看，我国科技创新金融支持体系还并不完善，金融供给还不能完全满足科技创新金融服务的需求。本书运用 DEA-Malmquist 对我国科技创新的金融支持效率进行了评价，从评价结果来看，我国科技创新金融支持效率还不够高，区域差异较为明显。

1.4 创新点和不足

本书的创新点主要体现在以下三个方面：

（1）本书从供求的角度出发对我国科技创新金融支持的现状进行了分析，从而更有利于把握我国科技创新金融支持的现状。具体而言，从资金需求、风险管理需求、激励需求等方面分析了科技创新的金融支持的内在需求，在此基础上从科技创新金融支持的主体和渠道分析了我国科技创新金融支持的供给情况。整体而言，我国科技创新金融支持体系还不完善，科技创新的金融供给还不能完全满足科技创新的金融服务需求。

（2）在金融影响科技创新的过程及效果方面，本书首先通过理论分析的方式认为金融主要通过资源配置机制、资本形成机制、风险管理机制、激励约束机制、信息揭示机制五个方面作用于科技创新，然后通过构建模型说明金融对科技创新可能存在非线性影响，证明金融对科技创新的影响效果与经济发展水平密切相关：在经济发展水平较低的第一类地区，金融投入增加会降低科技创新产出，这主要是因为该类地区金融资源相对有限，金融支持科技创新的力度增加会削弱金融对经济发展领域的支持力度，从而导致经济产出的下降，降低其对科技创新的需求；因此该类地区短期内应该将有限的金融资源投入到其他对金融支持需求更加迫切的领域，对于短期可能出现的技术约束，可以考虑通过外部引入的方式进行满足，而在长期内应该注重金融体系建设，增加金融资源存量。在经济发展水平相对较高的第二类地区，金融投入增加会显著增加科技创新产出，因此该类地区应该着重加大金融对科技创新的支持力度。在经济发展水平最高的第三类地区，金融投入也会增加科技创新产出，但支持力度明显小于第二类地区，主要原因是当经济发展到一定阶段后，科技创新金融支持会出现边际收益递减现象，因此该部分地区在保持一定规模科技创新金融投入的基础上，更多的应该是改善金融支持科技创新发展的环境，完善科技创新金融支持的体制机制。从分析结果来看，与现实情况比较相符。

（3）本书在探明我国金融影响科技创新的内在规律后，运用 DEA - Malmquist 模型对我国 27 个省（区、市）金融支持科技创新的效率进行了客观评价，计算结果显示我国近年来金融支持科技创新的效率在不断提升，中部城市科技创新金融支持效率最高、东部城市次之，而西部地区科技创新金融支持效率整体偏低。中部城市经济发展水平相对较高，金融支持科技创新具有规模效应，近年来，大部分中部城市加大科技创新的金融投入力度都取得了不错的效果，如安徽等。东部沿海城市经济较为发达，金融支持科技创新出现了边际收益递减现象，近年来部分东部城市加大科技创新的金融支持力度并没有取得非常好的效果，比如上海和福建等地区，这些地方应该从完善金融支持科技创新机制入手，提升科技创新的金融支持效率。而西部地区城市经济发展水平普遍偏低，加大科技创新的投入力度反而使得科技创新的金融支持效率下降，但这也不是绝对的，比如四川省的 Malmquist 指数效率大于 1，说明中西部重点城市的科技金融规模效应逐步凸显，因此在此阶段科技创新加大金融支持力度能够有效提升科技创新的产出。

科技创新的金融支持过程本身是前沿而复杂的系统性过程，随着经济形势的变化和金融结构的变迁，金融影响科技创新的内在机理及影响效果也可能逐步发生变化。因此本书努力收集、概括与探讨科技创新的金融支持的相关问题，也不能涵盖一切内容。本书主要存在以下两点不足：

第一，由于金融支持科技创新的方式方法有很多，一些政策性支持手段难以量化，因此本书在对我国金融支持科技创新的供求现状进行分析时，可能并不能全面反映我国金融支持科技创新的力度。同时由于统计上的差异，各省市对科技创新过程中的金融支持统计口径并不完全一致，导致部分数据缺失，第6章中缺乏对甘肃、宁夏等省份科技创新金融支持效率的评价。

第二，从整体上看，我国金融支持科技创新的支持力度还不够，支持效率也相对较低，本书是在分析金融影响科技创新的作用机制的基础上，对我国金融支持科技创新的内在规律及支持效率进行研究，从中发现问题，并给出有针对性的建议。除此之外，我国金融支持科技创新过程中存在很多问题尚待解决，这些问题不解决，我国很难通过金融支持提高科技创新能力，因此本书在问题及政策建议部分还附带了一些其他比较关键的问题及政策建议，这可能导致问题及政策建议的部分内容与前文的联系并不十分紧密。

2 科技创新金融支持的相关概念及理论基础

2.1 相关概念界定

2.1.1 科技创新的概念及特点

（1）科技创新的概念

科学是通过观察世界的运行规律进而总结经验的一门学问，对科学在学术上进行定义，可以概括为以下两个特点：一是完成科学社会任务的组织，即体制；二是发现社会运行规律及一切方法的总和，是累积而成的知识体系。科学是构成促使生产力发展的重要因素，是新思维和新世界观形成的源泉。科学与技术是相辅相成、不可分割的关系，科学是技术的前提和基础，技术是科学运用的载体，科学运用于技术才能形成生产力，引发生产力的变革，从而推动社会的进步。

创新是运用新的思维模式和思维方法，对现有的知识和物质进行改造，并获得收益的过程，具体包含更新、创造和改变三个层次。创新是在对人类过去活动的反思和总结的基础上提出解决问题的新方法和新途径，人类社会的每一次进步都与创新行为密不可分。改革开放以来，我国亦把创新放在了十分重要的位置，每一项改革成果的获取都与创新密不可分，创新的内涵十分广泛，方法创新、工具创新、科技创新、理论创新等都属于创新的一个方面[1]。科技创新是运用新的思维方法、模式对科学技术进

---

① 陈治亚. 强化创新型人才培养的思考与探究 [J]. 中国高校科技, 2015 (9)：8-11.

行改造的过程，是提升经济增长率的核心因素①。

虽然国内外学术界研究科技创新的文献很多，比如熊彼特（1990）②、彭纪生等（2002）③、李永波等（2002）④、余志良等（2003）⑤、毛凯军（2005）⑥等，但是对于科技创新的具体内涵还是存在一定的争议。科学可以划分为基础科学、技术科学和应用科学，基础科学是对自然现象和客观物质运动规律的探析和总结，具体包括数学、生物、物理学、化学、天文学、逻辑学、地球学，以及这几门学科的分支学科，基础科学以严密的理论体系为存在方式，定律、定理以及概念是基础科学的主要表现形式，具有高度概括性和抽象性，基础科学是一切科学技术的先导。技术科学是物质生产过程中运用的工艺和方法。应用科学是直接作用于技术的科学，与人类的实践活动密切联系，具有很强的目的性，其表现形式主要是作用于现实生产过程的新工艺、新技术、新方法以及新模型，应用科学以自然科学和技术科学为基础，直接体现人类需求。应用科学与技术科学不存在特别明显的界限，只是与技术科学相比，应用科学表现出更强的目的性。由于基础科学创新与应用科学创新所需要的金融支持机制完全不同，因此本书所谈的科技创新是指技术、应用型科学技术的创新，所谈的金融支持也是对技术、应用型科技创新的金融支持。

就科技创新的主体而言，本书科技创新并不局限于高新技术企业，而是将有科技创新需求的企业、团体以及个人都纳入科技创新主体范围。就科技创新的领域而言，本书的科技创新也并不局限于某一产业，而是涵盖所有能够产生科技创新需求的产业。

（2）科技创新的特点

科技创新的特点，即科技创新具有外部性、高风险性和高收益性。由于科技创新的飞速发展，每一次科技革命创新的内涵和外延都在飞速转

① 唐未兵，傅元海，王展祥. 技术创新、技术引进与经济增长方式转变 [J]. 经济研究，2014，49（7）：31-43.

② 熊彼特. 经济发展理论 [M]. 何畏，易家祥，张军扩，等译. 北京：商务印书馆，1990.

③ 彭纪生，刘伯军. 技术创新理论探源及本质界定 [J]. 科技进步与对策，2002（12）：101-103.

④ 李永波，朱方明. 企业技术创新理论研究的回顾与展望 [J]. 西南民族学院学报（哲学社会科学版），2002（3）：188-191，252.

⑤ 余志良，谢洪明. 技术创新政策理论的研究评述 [J]. 科学管理研究，2003（6）：32-37.

⑥ 毛凯军. 技术创新：理论回顾与探讨 [J]. 科学学与科学技术管理，2005（10）：55-59.

变。伴随全球新一轮的科技以及产业革命，科技创新也表现出一些新的特点，科技创新的领域也在不断拓展，科学技术从宏观到微观都在向着纵深方向发展，科技创新突破传统模式，创新活动的网络化和国际化特点凸显。本书主要研究科技创新过程中存在的一系列特征：

①风险较高。科技创新具有时间周期长、投资风险大、创新结果市场接受度难以预期等风险。具体来讲，首先，科技创新特别是重要的科技突破往往需要十年以上的研发周期，这期间可能会出现诸多不确定性导致科技创新活动失去价值；其次，对于一个科技创新突破口来讲，其投资预算不确定性很强，投资预算过少，可能导致科技创新活动因预算支持不足而失败，投资预算过多，可能导致企业负担过重甚至是资金链断裂；最后，消费者偏好越来越多元易变，当前市场认可的科技创新在两三年后可能转而被市场抛弃，结合科技创新周期较长的特点，科技创新结果的市场认可度、市场营销策略、市场竞争力等方面均存在很大风险。

②信息不对称。科技创新过程中的信息不对称是指，科技创新主体在开展研发活动事前和事中，出于对创新思想、知识产权的保护，只能向外界透露有限的信息。因此，科技创新者与外界主体之间存在很大程度上的信息不透明、不对称现象，这就会造成科技创新信贷市场的萎缩。外界投资主体由于掌握的信息有限，因此在事前无法准确判断和评估创新项目的优势和风险，并且在事中也无法有效监督到创新主体对资金的使用、创新主体的努力程度等，这就导致外界投资主体倾向于持保守态度。整个金融体系对科技创新的支持呈现数量少、金额小的特点，这进一步造成道德风险和逆向选择问题，使得科技创新活动难以获得金融支持。

③资金不足。科技创新过程十分复杂，其需要多方面的投入，在实物投入方面包括高精密仪器设备、特殊场地、特殊材料等；在人力资本投入方面包括拥有高技术水平的研究人员，并且科研创新活动大多不是一次成功的，常常要反复试错，这都导致技术创新活动所需资金量巨大。科技创新活动的持续进行也需要源源不断的资金输入。基于以上特点，科技创新活动融资需求巨大，且在不同研发阶段具有不同的融资安排。然而，由于科技创新具有周期长、风险大、信息不对称等特点，直接导致技术创新活动融资困难，常常资金不足。现实中，科技创新需要大量资金与融资渠道不畅、融资平台缺失之间的矛盾无法得到解决，首先是在科技创新初期研发阶段，资金约束问题尤为突出，其次是实验阶段，再次是科技创新产品

的批量投产阶段，这些阶段的资金不足深深地制约着我国技术创新的突破。

④交易成本高：科技创新活动各个环节都具有较高的交易成本，在项目确立初期，科技创新的保密性，使得创新活动的知识产权界定较困难，保护成本很高；在吸引投资主体环节，科技创新活动的信息不透明、不对称问题，导致外部投资主体搜寻项目信息的成本很高；在签订合同进行项目评估环节，科技创新项目拥有的资产往往是无形资产，这就导致外部投资主体需要投入大量的时间和金钱对其项目价值进行评估；在事中开展环节，科技创新进展难以量化评估，导致对项目负责人、相关科研人员的监督成本提升。

2.1.2 金融发展的概念及功能

最早对金融发展进行界定的是雷蒙德·戈德史密斯。雷蒙德·戈德史密斯（1996）[①] 指出，金融发展指的是金融结构的演化，金融发展的过程就是金融结构在长期或短期内变化的过程。金融发展理论的目标在于阐释清楚影响金融结构变化的因素、金融工具、金融职能，以及各因素之间的相互关系及作用过程。Mckinnon（1973）[②] 和 Shaw E（1973）[③] 认为金融发展指的就是金融机构的增加、金融工具的丰富、金融资产的积累，他们的研究突破了前人只关注质而忽略量的局限性，进而提出金融抑制论和金融深化论。因此，金融发展应该包含金融结构的变化和金融总量的扩张两个方面。在金融结构方面，金融发展由金融机构、股票市场、债券市场、基金市场等融资渠道的构成和比例反映，金融结构的完善表现为金融功能和效率的提升；在金融总量方面，金融发展有金融资产、金融工具、金融中介的数量反映，金融总量的增加表现为金融规模和体量的膨胀。金融体系的主要功能包括：资金融通、分散风险、支付清算、信息收集与传递、降低交易成本、激励监控等。

科技创新需要金融支持，需要金融体系充分发挥其功能，助推科技创

---

① 雷蒙德·戈德史密斯. 金融结构与金融发展 [M]. 周朔，译. 上海：上海三联书店，1996.

② MCKINNON R I. Money and capital in economics development [M]. Washington D. C. Booking Institute Press，1973.

③ SHAW E. Financial depending in economic development [M]. Oxford：Oxford University Press，1973.

新的进步和经济的发展。

①资金融通。金融体系从居民和企业中吸收闲置资金，并将这些资金发放给拥有好的投资机会的主体。科技创新是一个长期过程，其间需要源源不断的资金支持，待到成果市场化后回收资金，偿还资金提供者本金并给予投资报酬。金融体系可以通过自身优势快速、低成本地集聚大量资金，并将其分散投入优质的项目中。一方面，金融体系可以识别出具有优势的科技创新项目并给予其资金支持；另一方面，金融体系可以为投资主体带来风险较低的优厚回报。在短期，金融体系可以为科技创新企业提供流动性支持，保证科技创新项目资金连续供给；在长期，金融体系可以为科技创新企业提供长期贷款、股权融资，满足科技创新项目长期资金需求。

②风险管理。单个投资主体只能进行单一投资，这就造成投资过度集中，一旦项目失败，投资主体将会面临极大的风险。金融体系汇集大量资金，可以将资金分散于多个项目、多个领域、多个地区，有效降低风险。同时，金融体系通过各种金融机制的安排，将投资科技创新项目中的风险进行有效的分散、转移、配置，形成风险共担机制。

③信息提供。金融体系在对其金融产品进行定价时，会利用自身优势充分挖掘、收集、分析、储存信息，这在一定程度上可以解决信息不对称问题。在项目筛选阶段，金融体系通过自身的渠道优势对科技创新项目的技术可行性、投资回报率、市场接受度、竞争优势等因素展开分析，使得优质的科技创新项目被投资主体识别到；在签订投资合约阶段，金融体系通过其专业化的评估能力、资产定价能力、财务能力，提出与科技创新项目风险相符的投资回报要求；在投资合作阶段，金融机构通过派驻专业的财务人员进入项目核心管理层，从而实时掌握资金的使用状况、项目推进的动态、项目负责人的努力程度。通过这一系列的活动，金融体系可以很好地帮助投资主体掌握科技创新活动的相关信息，并对项目负责团队起到激励和监督的作用。

④降低交易成本。单个投资主体展开投资活动的交易成本十分高昂，其要花费大量的时间和精力进行投资风险判断、投资可行性评估、投资后的监督管理。金融体系通过其规模经济效应、专业化服务、激励机制设计等，可以有效降低交易成本。首先，金融体系能通过其庞大的金融信息网络，降低挖掘信息、分析信息、传递信息的成本，提升前期调查效率；其

次，金融体系可以有效分散风险，降低科技创新活动投资的不确定性，进而更加有效地促进交易达成，从而降低签订合约的成本；再次，金融体系可以通过股票期权等激励机制，使投资主体和科技创新项目负责人的利益捆绑在一起，激励项目负责人和研发人员为推进科技创新突破而努力，从而有效降低委托代理成本；最后，金融体系可以通过其专业化的财务能力，密切关注科技创新项目负责人如何使用资金，通过追踪财务信息的动态掌握科技创新项目的开展状况，有效降低监督成本。

2.2　相关理论基础

2.2.1　技术创新理论

（1）熊彼特创新理论

1912 年，熊彼特将创新与经济学相结合，提出了技术创新理论，他认为技术创新是要建立一个新的函数，对生产要素和生产条件进行新的组合，将其引用到生产体系中去。这种新的组合包括：引进新产品、引用一种新的生产方式、开拓出新的市场、控制生产原材料新的来源，以及实现新的工业组织①。创新过程的非连续性和非均衡性会使经济产生波动，从而形成经济周期。资本主义的发展是不断创新的结果，熊彼特认为，生产技术的个性和生产方式的变革在资本主义经济发展过程中有着至高无上的作用，他根据其建立的技术创新理论界定出经济增长和经济发展，认为只有含有创新元素的经济增长才是经济发展，创新是经济发展的本质特征。在熊彼特的创新理论中，创业家是创新的主体，因此他十分强调创新作为企业家才能的重要意义，企业家的核心职能不是对企业进行经营和管理，而是实现生产要素新的组合形式，银行具有信用创造功能，通过此功能为企业家创新提供资金支持，从而促进了创新活动的开展。

（2）技术创新理论

在熊彼特之后，技术创新理论深入发展，形成了技术创新的新古典学派、技术创新的新熊彼特学派等。新古典学派以索洛为代表，索洛运用新

---

① 部随印，苏有军. 顺应知识经济时代要求，力推西部创新发展 [J]. 新西部（理论版），2016（3）：26-28.

古典生产函数分析生产过程，他的理论肯定了技术对资本和人力的替代作用，认为资本、劳动的增长率，资本、劳动的产出弹性以及技术创新决定了经济增长率。新古典学派将经济增长的原因分为两类，一是由于资本、劳动两类生产要素投入数量的增加所带来的经济增长，二是由于技术创新使生产要素技术水平提高带来的水平增长效应。索洛在《在资本化过程中的创新：对熊彼特理论的述评》一文中对熊彼特创新理论进行了丰富和发展，在之后的研究中，索洛还总结出经济发展的主要推动力是技术进步，技术对于资本和人力具有替代作用，并认为技术进步的过程中存在市场失灵，因此政府有必要采取措施对技术扩散和技术创新进行支持，推动经济增长。

新熊彼特学派的代表人物有爱德温·曼斯菲尔德、莫尔顿·卡曼、南希·施瓦茨等，他们秉承经济分析的熊彼特传统，强调技术创新和技术进步在经济增长中的核心作用，主要是将技术创新视为一个相互作用的复杂过程，重视对技术创新过程运作机制的揭示[1]。在新技术的推广方面，曼斯菲尔德建立了新技术的推广模型，分析了新技术在部门内推广的速度以及哪些经济因素会影响到新技术的推广，他通过一系列的假定条件解释了新技术推广速度的影响因素，包括三个基本因素和四个补充因素，三个基本因素包括模仿比例、模仿相对盈利率和新技术使用要求的投资额。新技术的推广速度与模仿比例、模仿相对盈利率呈正相关关系，与新技术投入使用要求的投资额呈负相关关系，也就是说模仿比例和模仿相对盈利率越高，新技术的推广速度就越快，而新技术投入使用要求的投资额越高，新技术推广速度越慢。除此之外，曼斯菲尔德还提出了影响新技术推广速度的四个补充因素：旧设备的使用年限、一定时期内部门销售量的增长情况、新技术首次被企业使用的时间与被其他企业采用时间的间隔、新技术被初次采用时在经济周期所处的时间阶段。一般而言，旧设备的使用年限越长，新技术的推广速度越慢；一定时期内部门销售量的增长速度越快，新技术的推广速度越快；新技术首次被企业使用时间与被其他企业使用时间的间隔越长，新技术的推广速度越慢。

莫尔顿·卡曼、南希·施瓦茨从垄断和竞争的角度探讨技术创新与市场结构的关系，他们认为最有利于技术创新的市场结构是中等程度竞争的

---

① 文雁兵，张旭昆. 制度变迁、政府行为与经济空间积聚：基于 Hall and Jones "社会基础设施" 的 C-P-I 空间模型分析 [J]. 制度经济学研究，2011（1）：119-144.

市场结构。市场竞争越激烈，市场主体出于追逐利益的动机，对技术创新的需求就会越强烈，创新动力就会越强。市场垄断程度越高，企业对于市场的控制程度就越高，技术创新的时间就越持久。在完全垄断市场结构下，企业完全控制了市场，缺乏竞争会削弱技术创新动力，而在完全竞争的市场条件下，企业的规模一般较小，缺乏持续进行技术创新的能力，因此最有利于技术创新的市场结构是中等程度竞争的市场结构，在此市场结构之下，市场主体为了追求利润最大化会有较强的技术创新动机，同时企业的规模也可以保证技术创新的持续性。

（3）制度创新理论

戴维斯和诺斯是制度创新理论的代表学者，二人在《制度变革与美国经济增长》一书中提出了制度创新理论。制度创新是因为创新者追求超额利润而进行的经营管理模式方面的革新，是对现存的政治经济制度进行的革新，这些制度包括金融制度、企业管理制度、税收制度、教育制度等。戴维斯和诺斯运用新古典经济学理论的分析方法，认为经济增长需要为市场主体提供一种有效激励机制。制度学派认为在交易费用为零的情况下，只要能够合理界定产权，就能实现资源的最优配置。制度创新理论运用一般静态均衡方法和比较静态均衡方法，认为界定产权，即确立一种所有权，使经济活动的私人收益率与社会收益率相等。如果一个社会产权界定方式能够最大限度地保护私人所有权，并通过降低创新的不确定性，使得创新活动带来的收益最大化，那么就能够促进经济增长。

新制度经济学理论认为，制度创新是制度供给和制度需求动态变化并达到均衡的过程。制度创新过程包括诱致型制度变迁和强制型制度变迁，强制型制度变迁是政府采用行政或法律手段强制引发的制度变革，国家作为自然垄断者，有能力用法律、行政等手段，以较低的成本推行变革。诱致型制度创新是自发的制度创新过程，一般是制度不均衡条件下出现新的获利机会，市场主体出于获利的需求而进行制度方面的革新，消除现有制度对获利机会的阻碍，由此发生的自发型推动制度创新的行为。

戴维斯和诺斯把制度创新看成与技术创新相似的过程和阶段，认为制度创新就是制度上新发明的成果，这种成果是在不同的可供选择的对象中筛选出来的，并且某一行业的制度创新可以引发其他行业制度上的创新，这与技术创新的扩散性较为相似。他们把制度创新过程分为五个阶段："第一行动集团"的形成阶段，市场主体在现行制度安排下发现潜在的获利机会，这种潜在的获利机会只有通过改变现行制度才能实现，这样就有了制度变革的需求；"第一行动集团"提出可供选择的制度创新方案；在分析提供的制度创新方案的基础上，对不同方案的成本进行比较，根据利润最大化原则，选择成本最低而获利最大的创新方案；"第二行动集团"的形成阶段，主要是帮助"第一行动集团"获得预期收益而成立起来的决策单位；最后一个阶段就是在两个行动集团共同作用下实现制度创新的阶段。

后来的学者在原有基础上对制度创新理论进行不断的深化和扩展，其发展的分类可以按照需求线索和供给线索来进行。从供给方面来讲，新的分类有诺斯的国家理论、拉坦的制度创新供给理论和林毅夫的国家强制型制度变迁理论。诺斯的国家理论认为国家凭借其垄断地位可以具有规模效应，可以通过向社会成员提供公共服务实现收入最大化，因此国家有必要针对不同类别的社会成员设计不同的制度来满足自身利益最大化的需求。拉坦的制度创新供给理论，认为知识基础的丰富与制度创新密切相关，通过考察宪法秩序和制度创新的关系得出制度创新的成本可能是十分巨大的结论，拉坦认为社会上层决策者对于制度创新具有重要作用，它取决于社会既得利益集团之间权力结构和力量对比的变化。林毅夫的强制型制度创新理论认为，强制型制度创新的主导者是政府，在这里，制度安排是一种公共品，在公共品的消费过程中，社会成员会出现"搭便车"的现象，如果把诱致型的制度创新作为制度创新的唯一来源，制度供给和需求之间存在缺口，制度均衡便难以实现，为了弥补制度供需缺口就需要借助于国家强制力推行制度创新。以需求为线索的理论有科斯、安德森和诺斯等人的理论。科斯认为当制度创新收益大于成本时，创新才会发生，安德森等认为制度创新的发生是由于社会成员有提高经济效率和社会福利方面的需求，诺斯的制度创新理论是对科斯的继承和发展，他认为在现有的制度安排下，当潜在的收入增加不能够内在化时，就需要推行制度创新来实现潜在收入的增加，当预期的制度创新的收益大于成本时，创新就会发生。

（4）国家技术创新系统理论

国家技术创新系统理论的代表人物是英国学者克里斯托夫·弗里曼、美国学者理查德·纳尔逊。与熊彼特创新理论的观点不同，国家技术创新系统理论认为技术创新不仅仅是企业家或者某一企业在孤立地发挥作用，而是由国家创新系统推动的，国家创新系统是一系列国家主导推动的制度安排，在国家主导的制度安排下，企业通过自身行为推动知识技术的更新，能够取得更好的效果。这个结论是克里斯托夫·弗里曼通过分析日本创新路径得出的，20世纪80年代，他在《技术和经济运行：来自日本的经验》一书中总结了对日本社会的创新行为的考察结果，这些对象包括日本政府、企业和个人等。在国家创新制度的安排下，日本的各级市场主体都积极投入创新活动之中，进而推动技术创新、组织创新和制度创新，使得日本经济焕发出生机和活力，一跃成为亚洲的经济强国，跻身于发达国家之列。日本的创新行为说明了创新的力量不仅仅来自企业家，工人、社会和国家都是创新的主体，这些创新的要素相互联系和相互作用，形成创新系统。

理查德·纳尔逊的国家创新系统理论是基于对美国经济的研究，他认为国家的制度安排对于技术创新资源的优化配置具有十分重要的作用，创新系统是十分复杂的，不仅包括创新的主体、国家创新制度安排、组织机构，还包括科研机构和学校等，科技创新和发展的过程具有不确定性，国家创新制度的安排应该具有灵活性和弹性。

2.2.2 金融中介理论

金融中介是金融活动的中间环节，是金融结构的一个重要组成部分，金融，简而言之就是资金融通，金融中介就是资金融通活动的承载者，在整个社会经济活动中，金融中介将闲置资金集中转化为投资，以促进国民经济发展。金融中介理论的发展可以分为三个阶段：古典金融中介理论、20世纪初至20世纪60年代中叶的金融中介理论以及20世纪60年代以后的金融中介理论①。

古典金融中介理论的代表人物是亚当·斯密和大卫·李嘉图等，他们认为货币是一种让交换便利的工具，是商品交换的媒介，银行通过吸收存款和发放贷款，对社会现存资本进行再分配，将分散资金转化为用于生产的资本。古典金融中介理论仅仅肯定了银行信用的中介作用，认为银行只能作为资本转移和再分配的媒介，而否认信用的资本再创造功能。随着社会经济的发展，在纸币流通越来越占据主导地位的情况下，银行不仅可以作为资本转移的媒介，还可以在原有存款的基础上创造出高于原有存款价

---

① 胡庆康，刘宗华，魏海港. 金融中介理论的演变和新进展 [J]. 世界经济文汇，2003 (3)：67-68.

值的资本，信用创造理论应运而生。熊彼特、哈恩是信用创造理论的代表人物，信用创造理论认为银行可以超过其吸纳存款的数额发放贷款，银行通过信用创造产生出更多的资本投入生产，推动国民经济的发展。

20 世纪初至 20 世纪 60 年代中叶，古典经济学家费雪提出了费雪方程式，被称为费雪分离定理，探讨了总收入的名义价值如何决定。费雪认为每个家庭都存在一个跨时消费效用函数，在缺乏外部交易的情况下，每个家庭的消费效用函数将在两个时期间效用的边际替代率等于相同两个时期间家庭内部"生产"的边际转换率的那一点达到最佳，在此基础上引入消费者信贷，家庭消费储蓄的个量和总量发生改变。这个观点中包含了金融中介理论的观点，信贷活动的存在改变了社会福利水平。也有许多经济学家不认可金融中介对经济发展的作用，比如萨伊、阿罗、德布鲁等，他们认为在完全竞争市场前提下，资源配置达到帕累托最优，金融中介的存在对于改进资源配置效率不会起到任何作用。

20 世纪 60 年代之后的金融中介理论可以看成是新金融中介理论，新金融中介理论主要围绕金融中介与不确定性、金融中介与交易成本以及金融中介与信息不对称展开研究，认为金融中介能以较低的成本为市场主体提供服务。随着经济深入发展，在金融中介理论上面先后还出现了交易成本论、信息不对称理论、金融中介的"功能理论"、风险管理与参与成本理论以及价值增加理论。

2.2.3　金融深化理论

在分析金融深化理论之前有必要对金融抑制理论进行介绍。金融抑制理论的核心观点是在政府有能力规制金融业发展，弥补市场失灵的前提下，通过制定和实施一系列的金融约束政策来促进金融业的发展，这一理论的代表人物是斯蒂格列茨，他在《金融约束：一个新的分析框架》一书中详细分析了金融结构。金融抑制理论的提出是基于新凯恩斯主义学派的观点，而前提是 20 世纪 80 年代拉美国家爆发的债务危机。金融抑制理论的基本观点是在市场失灵的情况下，政府有必要通过间接调控手段和措施促进金融业的发展。按照金融深化理论发展的金融体制，能够避免因国家经济调控能力不足，金融自由化引发的结构性经济过热、资本外逃和金融危机等现象，同时可以防止虚拟经济对于实体经济的冲击。

金融深化理论的提出就是基于金融抑制，Mckinnon 和 Shaw 认为发展中国家经济之所以无法有效发展，是因为政府对金融活动和金融体系的过多干预，造成金融系统发展滞后，无法有效的为经济发展服务。他们认为发展中国家只有放松对金融的管制，才能有效抑制通货膨胀，促使经济健康发展。Mckinnon 在哈罗德-多马模型的基础上阐释了金融深化理论。哈罗德-多马模型将经济增长率与金融之间的关系表示为

$$G = s/v$$

其中，G 代表经济增长率，s 代表储蓄率，v 为资本投入-产出比，并假定储蓄倾向是固定的，Mckinnon 却认为储蓄系数由于受到利率、汇率变动的影响，应该是一个变量，他据此对哈罗德-多马模型进行修正得到 $\dot{s} = s(\dot{G}; \gamma)$，$\dot{s}$ 和 $\dot{G}$ 分别为储蓄和经济增长率的时间导数，其中，$0 < s < 1$，$\partial s/\partial \dot{G} > 0$，$\partial s/\partial \gamma > 0$，$\gamma$ 代表金融深化变量，将公式改写成 $\dot{G} = vs(\dot{G}; \gamma)$，以此来表示金融深化对经济产生的影响，此处储蓄成为了变量，经济增长率会随着金融深化因素发生改变，根据这一模型，当政府放松金融管制，利率水平会提高，居民储蓄意愿增强，储蓄转化为投资的比率提高，进而推动经济的增长，经济增长会带来居民实际收入的增加，实际收入增加会使储蓄增加，储蓄增加会进一步带动投资，投资进一步推动经济增长，这样就实现了经济的可持续发展。

金融深化程度的衡量指标有存量指标、流量指标。Mckinnon 采用货币存量和国民经济增长率之比来衡量金融深化程度，许多学者也对我国金融深化程度的衡量进行了研究。姜昱（2003）[①] 认为可以通过经济货币化、经济金融化、金融机构数量和多元化、金融工具多样化来进行衡量。王毅（2002）[②] 认为可以采用金融存量指标衡量我国金融深化程度，具体包括真实货币余额增长率、货币化比重以及金融化比重。熊鹏、王飞（2008）[③] 基于内生增长理论分析了金融深化对于经济增长的传导机制，并选取金融中介和金融市场作为金融深化的衡量指标。王军辉（2014）[④] 分析了金融深化和银行业垄断对中小民营企业发展的影响，并选取金融机构贷款余额作为金融深化程度的衡量指标。从现有的理论分析来看，对于我国金融深

① 姜昱. 金融深化与经济增长 [J]. 农村金融研究，2003（5）：13-19.
② 王毅. 用金融存量指标对中国金融深化进程的衡量 [J]. 金融研究，2002（1）：82-92.
③ 熊鹏，王飞. 中国金融深化对经济增长内生传导渠道研究：基于内生增长理论的实证比较 [J]. 金融研究，2008（2）：51-60.
④ 王军辉. 金融深化、银行业垄断与民营中小企业创业：基于面板数据的结构模型估计 [J]. 中央财经大学学报，2014（7）：47-54.

化程度，学者们大多选用金融存量指标来进行衡量。

金融深化与金融抑制不同，虽然都是政府采取利率、汇率等金融政策和金融工具来影响金融系统的发展，但是金融深化更侧重于对市场失灵的弥补，是对金融活动的有利引导。金融深化理论的成立依赖于以下几个条件，第一，在限制市场准入条件下，银行之间能够进行充分的自由竞争；第二，限制直接融资行为，防止其对银行的替代；第三，具备稳定的宏观经济环境，通货膨胀率较低。只有在这三个条件同时成立的情况下，政府才能够对金融进行有效的管制，以弥补市场失灵。

现在大多数学者分析认为，金融深化理论适用于经济发展的不同阶段，在资本粗放扩张时期，政府的金融管制是相当有必要的，可以防范金融自由化引发的经济负面影响，而当一国经济运行到集约化程度相对较高时，金融管制便会对经济发展产生消极阻碍作用。

2.2.4 金融系统功能理论

金融系统功能理论是基于金融系统在经济发展中的地位和作用提出的。功能金融理论的提出有两个假设前提：一是金融功能比金融机构更加稳定，随着纵向时间和横向区域变化，金融功能变化小于金融机构的变化；二是金融功能优于金融组织，金融功能的发挥比金融组织机构的重要程度高，机构的优化是以功能的发挥为目的，只有金融机构和组织的不断优化才能促进金融功能的有效发挥。基于以上两点假设，金融功能理论中功能的界定十分重要，只有明确金融的功能，才能有效设置组织机构来实现金融系统的这些功能。

金融体系的三大核心功能是：一是便利清算和支付的功能，金融体系提供完成商品、服务、资产清算和结算的工具，不同的金融工具在功能上可以替代，运作它们的金融机构也可以不同；二是聚集和分配资源的功能，金融体系能够为企业或家庭的生产和消费筹集资金，同时还能将聚集起来的资源在全社会重新进行有效分配，在这里，金融聚集和分配资源的功能还包括对信息资源的聚集和分配；三是风险分散的功能，金融体系既可以提供管理和配置风险的方法，又是管理和配置风险的核心，风险管理的手段有资产分散、对冲和保险，风险的管理和配置能够增加企业与家庭的福利。

金融体系的这三大功能与科技创新活动有着直接联系，清算和支付功能适用于所有市场主体，只要有经济行为的发生必然会产生支付和清算的需求，科技创新主体也不例外。

聚集和分配资源的功能是指金融系统能够筛选出优质项目，使得资金使用效益最大化，同时能够引导社会闲散资金流向收益高的地方，科技创新的每一个阶段都存在较大的资金需求，通过金融系统的筛选和资金配置功能，优质的科技创新项目能够生存下来并获取资金，劣质的科技项目会因为缺乏资金而被淘汰。

风险分散功能是指金融体系能够为金融市场参与者提供多种融资渠道，这样就有不同的投融资主体分担可能发生的资金无法偿付的风险。科技创新本身就具有高风险性，在每一个阶段都面临不同类型的风险，可能发生资金亏损无法收回的情况，在研发初期存在技术风险，在投入阶段存在产品转换风险，在企业的成长和成熟阶段又存在需求风险①。在科技创新活动中会出现投资、贷款和保险方面的风险，投资风险是风险投资机构投资科技创新企业时会出现的不确定性，是在进行一系列投入之后由于市场上不可预见的因素导致收益的流失，直接原因是投资机构能力和水平不足。贷款风险是银行方面将资金有偿借贷给科技创新主体，银行承担了高风险却无法获取与高风险对等的高收益。保险风险是科技创新企业的承保机构面对的科技创新项目失败而必须承担赔付的风险，由于科技创新活动本身就具有高风险的特点，失败的概率较高，因此保险风险也会随之增大。以上几种风险是创新活动实施过程中必须面对的，金融体系本身就能够为这些风险提供转移和分散机制。科技创新活动由于有金融体系的支持，其融资渠道多样，除了能够获取风险投资机构的基金，还能够从商业金融机构、政策性金融机构以及民间金融机构处获取资金，在这种情况下，创新活动失败而发生的资金无法偿付的风险将由这几个投资主体分担。信用担保和科技保险制度的发展对于风险转移有着明显的作用，银行等金融机构在信用担保机构提供担保的情况下为科技创新主体提供资金，当发生创新项目失败无法偿付借贷资金时，风险和损失能够在一定程度上转移给承诺负连带责任的第三方担保公司，实现风险的分散和转移。信用担保一方面能够降低银行为中小企业融通资金的管理成本和运营成本，另一方面降低了贷款无法偿付的风险，能有效激发投资主体向科技企业提供资金的积极性。

---

① 韩俊华，干胜道. 科技型小微企业金融支持研究［J］. 科学管理研究，2013，31（4）：105-108.

2.2.5　科技金融理论

（1）科技金融理论的概念

科技金融从实践到理论经历了一个水到渠成的过程，是我国科技创新和金融支持各自发展并不断结合的产物，其最早可以追溯到1993年，当时学术界并没有对科技金融进行系统研究。

最早系统性地提出科技金融概念的学者是赵昌文，其在《科技金融》一书中对科技金融的内涵、外延等方面做出了诸多论述，认为科技金融是促进科技开发、成果转化和高新技术产业发展的一系列金融工具、金融制度、金融政策与金融服务的系统性、创新性安排，是由向科学与技术创新活动提供金融支持的政府、企业、市场、社会中介机构等各种主体及其在科技创新融资过程中的行为活动共同组成的一个体系，是国家科技创新体系和金融体系的重要组成部分[①]。科技金融倡导的目标是第一竞争力，是由"科技"这一第一生产力以及"金融"这一第一推动力相结合而产生的。同时赵昌文还提出了科技金融的"5I"规律，即创新（innovation）、投入（input）、一体化（integration）、制度化（institutionalization）、国际化（internationalization），科技金融的本质特征和基本实现路径是创新，基本内容是投入，一体化是科技金融的基本特征之一。在科技金融的属性界定方面，赵昌文等学者认为基于科技创新的公共属性、公共风险投资对于科技创新的重要作用以及政策性资金的占比等因素，科技金融首先应该是公共金融的范畴。科技金融理论涵盖了科技金融体系、机制以及模式等内容，一个完整的科技金融结构体系应该包含政策性资金、风险投资、科技资本市场、科技贷款和科技保险等[②]。根据市场、政府以及社会在配置资源方面的不同作用，科技金融机制包含科技金融市场机制、科技金融社会机制以及科技金融政府机制，这三种机制以市场机制为主导，政府机制进行引导和调控，社会机制对市场机制进行补充。

科技金融的落脚点在金融，主要谈金融对于科技的支持作用，与此相对应的概念是金融科技，而金融科技指的是引入金融体系的科技元素。科技金融一词的提出背景是我国科技创新金融支持的缺乏，在科技与金融结

---

① 许超. 我国科技金融发展与国际经验借鉴：以日本、德国、以色列为例 [J]. 国际金融，2017（1）：75-80.

② 赵昌文，陈春发，唐英凯. 科技金融 [M]. 北京：科学出版社，2009.

合较好的发达国家没有科技金融一词，科技金融理论提出的意义在于为科技创新获得更多的金融支持提供理论依据。

商品经济社会存在商品的供给方和需求方，供给方是商品生产者，需求方是商品消费者，生产者和消费者之间的竞争会引发价格围绕价值上下波动。当供给与需求对等时价格与价值相同；当供给小于需求，供给出现缺口，需求得不到有效满足，或是供给大于需求时都会出现资源的浪费。一方面，从科技创新所需要的金融支持角度来进行分析，金融支持供给不足，科技创新主体资金需求得不到满足就会影响科技创新主体创新的积极性；另一方面，当金融支持供给超过需求，就会造成金融资源浪费，或是供给效率低下也会造成金融资源的浪费，同时也不能满足科技创新主体的金融支持需求。

（2）科技金融的需求主体

从事科技创新活动的个体都会产生对资金的需求，因此科技创新金融支持的需求方也就是科技创新活动的参与者。在新的产业革命背景下，科技创新主体已经不局限于高新技术企业，创新团体乃至个人也成为创新的重要主体，他们也是科技创新金融支持的需求主体。由此可见，科技金融需求主体具体包括企业、高校、科研机构、科技创新团体以及个人，其中，企业是最重要的需求主体，而伴随创新驱动发展战略的深入实施，科技创新团体以及个人对金融支持的需求强度也越来越大。

（3）科技创新的金融支持供给主体

与需求相对应，为科技创新提供金融产品和服务的市场参与者就是科技创新的金融支持供给主体。科技创新的金融支持供给主体包括政府、科技金融机构以及个人。

①政府。政府作为科技创新金融支持供给主体，主要是从宏观层面上发挥引导支持作用，科技创新活动具有正外部性，根据效率最大化原则，为解决外部性造成的市场失灵，需要政府进行宏观调控，并且科技创新主体本身也会对政策性金融支持有需求，因此政策性金融的存在是十分必要的。政策性金融支持的供给主体就是政府，政府为科技创新提供金融支持的主要渠道有政策性资金的投入、政策性银行的科技金融投入、科技金融政策的制定、科技金融优惠政策的制定以及为银行科技贷款提供贴息等。

20世纪80年代，弗里德曼在《技术和经济运行：来自日本的经验》一书中对日本社会的创新行为进行了考察，认为日本的政策性金融机构在推动科技创新方面成效显著，日本的政策性金融机构采取措施引导商业银行和民间金融机构向科技创新企业发放贷款，并成立了专门的政策性金融机构两行、十库，用于向科技创新企业发放政策性贷款，日本开发银行设置技术振兴贷款制度，为科技创新主体发放低息贷款，并对科技型中小企业发放补贴。美国通过设立财政专项基金，开办小企业投资公司、中小企业金融公库来专门为科技型中小企业提供资金扶持。欧盟同样也开办了专门为科技创新企业提供服务的政策性金融机构，与我国国情相似的印度也有专门为中小企业服务的政策性金融机构，并设立了专门的小企业技术局为小微企业组织融资。从日本、印度、美国和欧盟设立政策性金融机构为科技创新企业服务的实践经验来看，政策性金融机构是科技创新的助推器，也是科技创新活动初期的主要支持力量，在充实科技创新活动资金需求和引导资金流向方面意义重大。政策性金融机构的作用主要体现在弥补市场失灵和引导示范两个方面，政策性金融资金若大量介入科技创新活动，会造成高新技术产业对于政策性金融的路径依赖，最终可能会产生金融市场的挤出效应，不利于非政府金融机构对于科技创新支持作用的发挥，并且各国实践证明，对于科技创新的扶持作用最终要以金融市场为主导，因此政策性金融规模必须要做一定的限制，政策性金融的规模不能过小，否则就无法达到弥补资金不足和引导资金流向的作用，同时政策性金融的规模也不能过大，否则就不利于市场基础作用的发挥，从而最终影响科技创新活动的持续有效开展。

②科技金融机构。科技金融机构是指专门为科技创新主体金融投融资服务的金融机构，主要包括风险投资机构、科技银行、资本市场上的投资机构以及为科技创新服务的小额贷款机构、民间金融机构、担保机构、信用评级机构、保险机构等，只要是为科技创新服务的金融机构，都可以将其界定为科技金融机构。

商业银行是一国金融机构体系的主要组成部分，在由间接金融体系主导的国家中，商业银行对科技创新活动发挥的融资功能不容小觑。德国创新活动的开展都是以"关系型"的银行融资为主，德国中小企业融资长期都是依靠银行贷款。商业银行在我国台湾地区的科技创新活动中也扮演着十分重要的角色，是我国台湾地区高科技企业的主要资金供给者①。科技

---

① 丁涛，胡汉辉. 金融支持科技创新的国际比较及路径设计 [J]. 软科学，2009（3）：50-54.

金融理论指出了科技创新金融支持的供给主体包括中小银行，其理论基础为关系型贷款理论，关系型贷款理论是指不同规模的银行机构在为不同规模的企业提供贷款时具有比较优势，这种比较优势主要体现在中小银行对贷款信息进行处理的技术方面。在关系型贷款理论之上衍生出来的小银行优势理论进一步说明了小银行在获取小企业软信息方面具有比较优势，这是因为小银行与小企业能够建立起紧密的银企关系。关系型贷款理论和小银行优势理论为科技支行以及民营银行的建立提供了理论基础。

风险投资机构是在对科技创新项目进行评估的基础上进行资金投入，以期获得未来收益的公司、组织和集团的总称。由于科技创新活动高风险和高收益的特征，风险投资是科技创新活动的主要资金来源，风险投资机构是促进科技创新活动的重要力量，一般是采用风险投资基金的方式参与高新技术产业的运营，整个运作过程包括融资、投资、管理运营和退出四个阶段[①]。美国科技创新企业的发展在很大程度上得益于发达的风险投资机构。美国风险投资机构的资金来自各类基金和私人资本，美国风险投资协会的调研结果表明：美国风险投资金额占 GDP 的 1%，但是接受风险投资的企业主要是科技型企业，能够创造的直接经济贡献达到 GDP 的 10%[②]。风险投资具有发现和筛选两大功能，美国发达的风险投资造就了雅虎、苹果等高科技公司。乔西·勒纳等研究报告显示，1 美元风险资本投资产出的专利比 1 美元研发投资产出的专利多了 3~5 倍[③]。风险投资对科技创新活动的支持效应在美国、日本、德国、韩国等都可以得到印证。

民间金融机构使用的民间资本是科技创新主体发展初期一个重要的资金来源，虽然在整个科技创新周期中它所占的比重并不高，但是在科技创新初期阶段，民间资本能够在一定程度上缓解其他机构投资者不愿意为创新项目投资而造成的资金紧张，并且对于一个国家，尤其是金融机制不健全的发展中国家而言，民间金融机构更应该具有存在的理由，因此本书把民间金融也纳入金融机构体系的分析范围。在美国、日本和欧洲国家的早期创新活动当中，民间金融机构和民间借贷资金对科技创新活动起到了积极的推动作用。在日本的科技创新活动开展中，其研发活动最大的特点便

---

① 张宏彦. 基于科技创新导向的金融支持政策研究 [J]. 科技进步与对策, 2012 (7): 98-101.
② 杨茜. 科技型中小企业发展的金融支持问题研究 [J]. 科学管理研究, 2008 (10): 109-111.
③ 秦军. 科技型中小企业自主创新的金融支持体系研究 [J]. 科研管理, 2011 (1): 79-87.

2 科技创新金融支持的相关概念及理论基础 ┆ 41

是以民间为主导的研究开发，民间研发费用在总费用中占到了 80% 的比重①。前文已经分析过日本的国家系统创新理论，这样一个国家在弹丸之地创造出举世瞩目的科技成就，除了政府的大力支持，也离不开民间金融机构的发展，日本的中小企业金融机构有官方和民间之分，官方金融机构和民间金融机构各司其职，官方性的政策性金融机构不向科技企业提供贷款，仅仅是作为民间金融机构的补充。以韩国为例，1985 年之前的韩国，科技投入以政府为主，1985 年之后，韩国科技投入逐渐转变为以民间投入为主，目前民间投入占总投入的 80%。在林毅夫和李永军（2001）在其发表的《中小金融机构发展和中小企业融资》一文中，根据要素禀赋理论分析得出中小金融机构为中小企业提供融资渠道方能实现资金利用效率的最大化。科技企业在成立初期一般是中小规模企业，中小金融机构的大部分存在形式是民间金融机构，根据要素禀赋理论，科技企业初期通过民间金融机构融资是最有效的途径，这也说明了民间金融机构对于科技创新活动的积极意义。

信用担保机构。科技企业创新活动具有高风险和高投入的特征，在融资渠道方面，由于商业金融机构的风险偏好，加上科技企业抵押物的缺乏，难以获取银行方面的借贷资金。不论高新技术企业采用何种方式融资，通过金融中介机构获取的资金都是不可忽视的重要部分，一个健全的金融服务网络必须涵盖科学的信用担保和评价体系。彭江波（2007）② 认为信用担保是基于化解交易双方信息不对称而产生的一种专业化的信用中介活动，信用担保机构以自身资本作为基础信用，通过放大机制实现信用增级，并通过专业化的收集与整理信息，有效识别和控制风险，减少企业与金融机构之间的融资障碍。信用担保机构为科技企业的银行融资提供信用担保，能够有效解决中小科技企业向商业银行融资难的问题，降低科技企业的融资成本，也有利于降低银行向科技企业提供贷款的管理成本，降低银行的经营风险，增强银行向科技创新提供借贷资金的积极性。科技型中小企业融资难的原因不是规模或所有制歧视，而是缺乏抵押和担保，发达国家的实践表明，多层次、广覆盖的信用担保体系是解决科技型企业融资难问题的重要保障。美国的小企业管理局与多家银行建立了实施担保贷

---

① 胡定核，胡定东. 借鉴外国经验，建设有中国特色的金融支持科技的体系 [J]. 经济体制改革，2001（9）：102-107.

② 彭江波. 以互助联保为基础构建中小企业信用担保体系 [J]. 金融研究，2008（2）：75-82.

款的业务关系，科技企业可向政府申请贷款担保，这一措施极大地促进了美国科技创新活动的开展。

科技保险机构。科技保险机构的设立是风险分散机制的一个方面，针对科技创新活动设立的科技保险，是将保险作为分散风险的手段，对科技企业或研发机构在研发、生产、销售、售后以及其他经营管理活动中，因面临的各类现实风险而导致科技企业或研发机构的财产损失、利润损失或科研经费损失等，以及其对股东、雇员或第三者的财产或人身造成现实伤害而应承担的各种民事赔偿责任，由保险公司给予保险赔偿或给付保险金的保险保障方式。有效的风险分散和转移机制能够减少科技创新主体和融资主体面临的不确定性，促进科技创新活动的开展。

③个人。个人也是金融支持的供给主体，个人成为供给主体主要有以下两个方面的情况，一是天使投资，二是民间借贷。天使投资是由个人出资推动创新活动的开展，是权益资本投资的一种形式，天使投资主要发生在创新活动早期。民间借贷中个人能够出资帮助科技创新主体解决资金需求问题，这种借贷关系的发生是基于社会网络，因此个人也是科技创新金融支持的重要供给者。

④其他主体。中介机构是连接科技创新的金融支持需求方和供给方的媒介，这类机构营运的目的是为供给方与需求方的对接提供便利，解决供需方的信息不对称，中介机构可划分为营利性和非营利性两类，营利性的中介机构主要指信用担保公司、信用评级机构、资产评估机构等，非营利性金融机构主要包括行业协会、政策性金融机构以及科技创新的金融服务平台等。从严格意义上讲，中介机构也可以看成科技创新的金融支持供给方，并以金融服务为主要供给内容。其他中介服务机构主要是指除了主要金融中介机构以外的、为科技创新主体提供咨询和服务的机构，一些为科技创新主体提供服务咨询的事务所和咨询公司都应该包括在这一范围内。科技创新主体主要以中小规模法人为主，这类市场主体往往不具备从事市场活动的相关知识，为了扶持科技创新主体的发展，克服其在成长过程中遇到的阻力和障碍，有必要为其提供专门的咨询和服务，同时创新企业要开展融资也需要相关的专业性机构为其提供咨询和服务，因此加快其他金融中介服务机构建设也是推动科技创新金融支持的一层重要保障。

（4）科技创新金融支持的供需作用机制

科技创新金融支持的作用机制是为科技创新配置资源的金融机制的运

行方式，主要有市场机制、政府机制和社会机制。市场机制发挥基础作用，政府机制发挥调控引导作用，社会机制发挥辅助作用。科技创新金融支持的供给主要包括资金供给、融资渠道供给、风险分散功能供给、激励功能供给。供给主体主要有三类：政府、金融机构和个人，每个阶段三类主体发挥的作用有大有小，政府金融供给侧重于政策类，比如建立资金池、完善资本市场、设立风险投资引导基金等，金融机构主要是为科技创新企业供给各类金融产品和服务，个人对科技创新金融支持的供给主要体现在天使投资以及民间借贷方面。科技创新金融支持需求主体是科技创新企业，科技创新金融支持的需求与供给相对应，科技创新企业的金融支持需求集中体现在资金、融资渠道、风险分散以及激励机制几个方面，在科技创新金融支持的现实实践中，金融支持供给往往难以及时满足金融支持的需要，大部分情况下供需情况都表现为供不应求。

科技创新金融支持的供求机制是供求关系、为科技创新提供服务的金融市场主体之间的竞争，以及金融市场价格各种因素相互联系、相互制约而构成的有机整体。供求关系是科技创新金融支持供给者和需求者之间相互关联、相互制约的关系，供给能力在很大程度上依赖于政府金融支持的供给能力。

（5）科技创新的金融支持模式

科技创新的金融支持供给主体包括政府、金融机构和个人，科技创新的金融支持供需作用机制包括政府机制、市场机制和社会机制，个人发挥的作用主要体现在通过社会机制的关系型融资方面，结合赵昌文（2009）对科技金融模式的划分，将个人作为供给主体并对科技创新融资发挥主要作用这类模式界定为社会主导型模式，结合上文对科技创新支持体系中引入的部分国家金融支持科技创新实践的分析，将科技创新的金融支持模式划分为政府主导型、金融机构主导型、资本市场主导型以及社会主导型，其中金融机构主导型模式主要体现在银行功能层面，因此也可以看作银行主导型，科技创新的金融支持模式划分见图2.1。

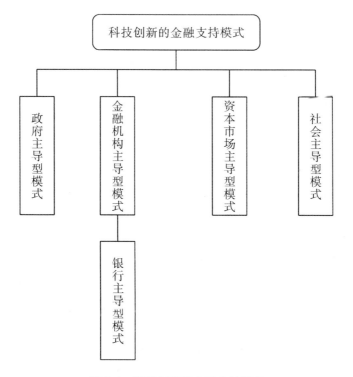

图 2.1　科技创新的金融支持模式

2.3　相关理论的启示

技术创新理论主要包含了熊彼特的创新理论、熊彼特之后的技术创新理论、制度创新理论和国家系统创新理论。熊彼特的技术创新理论认为创新对于经济发展的作用是巨大的，含有创新元素的经济增长才是经济发展，生产技术的革新和生产方式的变革在资本主义经济发展中起着十分重要的作用①。技术创新理论包括新古典学派的技术创新理论和新熊彼特主义技术创新理论，这两个技术创新学派在熊彼特的研究基础上继续深入，通过对新古典生产函数的运用，认为技术创新带来生产要素技术水平的提高引发了经济的水平增长效应，并肯定政府在技术进步中的作用，认为在

---

① 张蓉. 广西高新技术企业创新发展研究 [J]. 经济研究参考，2016（70）：56-60.

市场失灵时，政府有必要采取财政、金融等手段推动技术进步。新熊彼特主义技术创新学派建立了新技术推广模型，确立了新技术推广的影响因素，提出最有利于技术创新的市场结构。制度创新理论用制度经济学相关方法分析如何推进技术创新，同时认为制度创新与技术创新是相似的过程，制度学派的创新理论沿着供给和需求两条线索不断发展。国家技术创新系统理论与熊彼特重视企业家才能不同，其认为创新不仅仅是企业家的作用，而应该是由国家建立的创新系统来推动的，这个系统包括企业家、工人和整个社会。国家通过创新制度的合理安排来激发市场主体的创新热情，推动国家经济发展。分析以上理论可以得到如下启示：一是科技创新对于经济的推动作用是十分巨大的，各个学派都承认创新对于经济的促进作用，同时也认为科技创新是推动经济发展的强有力手段；二是通过制度的改进能够促进技术创新，因此政府有必要并且有能力通过宏观经济政策的实施来稳步推动创新；三是国家政府层面建立的创新系统能够激发科技创新主体的创新热情，因此有必要在科技创新活动开展过程中充分发挥政府的引导作用，以调动民间科技创新的热情。

与金融相关的理论分析主要基于金融中介理论、金融深化理论和金融系统功能理论，这三个理论分别从金融结构、金融作为资金融通中介、政府从金融管制和金融系统内生的功能角度分析了金融对于经济发展的影响效应，金融中介理论和金融约束理论也从不同角度论证了国家完善金融制度以推动经济发展的必要性，金融系统功能理论则是从金融体系的内生功能出发，说明科技创新离不开这几项功能的支持。

科技金融这一理论本身就说明了金融支持对于科技创新的重要作用，科技金融理论是一个完整的体系，包含科技金融理论与实践多方面的内容。科技与金融是推动经济发展的动力，科技创新离不开金融体系为其提供的强大的动力支持，通过科技金融理论得出的启示主要有以下几点：一是科技金融理论对于科技金融的供求机制进行了分析，政府、金融机构以及个人都可以成为科技金融的供给主体，因此从政府以及金融机构层面出台支持科技创新的金融政策对于科技创新发展能产生助推作用；二是科技金融市场应包含创业风险投资市场、科技贷款市场、科技资本市场以及科技保险市场，只有科技金融市场完善了，金融推动科技创新的能力才能更好的发挥；三是我国应该以自身科技金融发展实际情况为基础，借鉴国外科技金融政府机制作用的不同模式，创新出我国科技金融的新模式。关系型贷款理论揭示了银企关系对企业贷款可得性的影响，该理论认为紧密的银企关系能够帮助银行了解小企业的资产、经营以及财务情况，小企业通过与相应规模的银行建立合作关系，能够更容易地从银行那里获取发展所需要的贷款，这一理论应用到科技企业融资方面，为我国建立科技支行以及民营银行提供了理论依据，反观我国科技金融实践，在一些科技资源丰富、创新发展充分的地区率先建立起了科技支行，专门为科技企业提供金融服务，也证明了这一理论在实际应用中的可行性。

通过对科技创新的金融支持相关理论基础的分析，可以得出以下启示：一是科技是第一生产力，科技创新活动对于经济发展有着无可替代的作用；二是金融体系对社会经济、科技创新活动和科技资源配置能够产生影响，应该重视金融支持在促进科技创新方面的重要地位和作用；三是政府出台的政策能够促进金融机构为科技创新主体提供服务，在市场失灵的情况下，政府有必要采取财政、金融等宏观调控政策，充分调动科技创新主体科技创新的积极性。

3 科技创新的金融支持供求分析

上一章通过对科技创新的金融支持理论分析，总结出科技创新的金融支持体系包含五个方面的内容：一是多元化的资金供给渠道，二是多层次的金融市场体系，三是健全的金融服务网络体系，包括健全的金融机构体系、信用担保体系以及金融中介服务体系，四是完善的科技金融法律法规，五是科学合理的金融监管（如图 3.1 所示）。本章依据上一章得出的科技创新的金融支持渠道的结论，分析我国科技创新金融支持的供求现状，以明确我国科技创新金融支持供求方面存在的缺口，为进一步完善金融体系，促进科技创新提供决策依据。

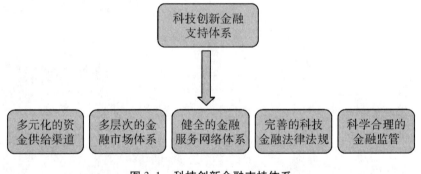

图 3.1　科技创新金融支持体系

3.1　科技创新对金融支持的内在需求

3.1.1　资金需求

科技创新主体在每一个发展阶段都需要大量的资金投入，单靠自有资金无法满足其发展需要，必须通过金融市场来进行融资。融资需求包含直接融资需求、间接融资需求以及政策性的融资需求。直接融资需求是不通过金融中介获取资金的需求，间接融资需求是通过银行、小额贷款公司等金融中介机构融通资金的需求，政策性的融资需求是科技创新主体对政策性资金产生的需求。以科技创新主体之一的高新技术企业为例，在实践中，高新技术企业会通过风险投资、资本市场来满足其直接的融资需求，也会通过向金融中介机构支付利息的方式来满足自身的间接融资需求，除此以外，由于科技创新活动的高风险特征，某些处于发展初期的高新技术企业难以获得金融中介机构提供的资金，同时由于规模达不到上市标准，也不能进行直接融资，这种情况下就需要政策性金融来对其进行支持。具体来讲，科技创新企业的发展都会经历研发期、种子期、创业期、成长期、成熟期、饱和期以及衰退期这七个阶段，不同的阶段会产生不同的融资需求，如图 3.2 所示，在科技创新企业发展的每一个阶段都会有研究与试验发展（R&D）支出、销售费用以及资产投资。

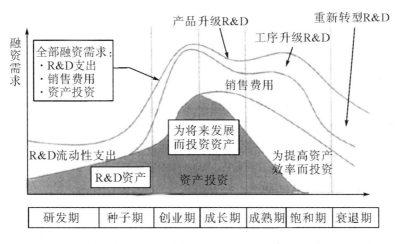

图 3.2　科技创新主体不同发展阶段的融资需求

以贯穿企业生命周期的研究与试验发展支出为例，在研发期和种子期有研究与试验发展流动性支出需求，在成长期会产生产品升级的研究与试验发展支出需求，在成熟期和饱和期会产生工序升级的研究与试验发展支出需求，在衰退期会产生重新转型的研究与试验发展支出需求。资产投资需求在研发期和种子期体现为研究与试验发展资产，处于创业期、成长期以及成熟期的企业主要是为将来发展而积累资产，过了成熟期之后，企业主要是为提高资产效率而追加投资。资产投资支出需求随着企业生命周期的增长呈现出明显的抛物线形状，并在成长期阶段达到最大值，研究与试验发展支出走向大致也呈现出抛物线的形状，并在创业期阶段达到峰值，在创业期之后，研究与试验发展支出大致呈平稳下行趋势。销售费用和研究与试验发展支出走势大体一致，因此考虑销售费用和研究与试验发展支出之间存在正相关关系。

研发期和种子期的创新主体着力进行高新技术产品的研究与开发，反复进行试验以期后续投入市场。由于未来收益的不确定性，企业在本阶段面临较大的风险，这一时期对于实验设备、空间场所以及资金等会产生需求，但是对于资金的需求程度不是很高，并且在很大程度上依赖于自有资金，需求重点在与研发相关的项目上，销售费用、研究与试验发展投入以及资产投资需求在整个企业的生命周期中所占的比重是偏低的。这一阶段，由于科技创新主体的生产规模尚未形成，财务、监管制度不健全，加上抵押物缺乏等，金融中介机构不愿为其提供贷款，同时企业也不具备上市融资条件，因此科技创新的融资需求主要是由政策性资金、自有资金或者民间借贷来满足。

创业期阶段是创新主体将科技创新成果投入市场，创新成果转化为实际产品的阶段，在这一生命周期，创新主体会面临较大的外部风险，若是科技创新成果转化失败，那么科技创新活动也就宣告失败，若是转化成功，那么科技创新活动就得以继续，科技创新成果能否与市场需求相匹配在这一阶段就能够体现出来，因此创业期阶段对于资金的需求比较大。一方面，创新成果转化要求固定资产、流动资金等相关投入；另一方面，若是科技成果转化成功，便会继续产生较高的生产费用，除了继续研发的费用，还需要继续增加固定资产投资，因此这一阶段的整个融资需求呈现快速上升的态势。从图 3.2 也能够看出，相较于研发期与种子期对销售费用、研究与试验发展投入以及资产投资需求呈较快的增长，在创业期，科技创新主体主要需要政策性金融、风险投资对其进行支持。

成长期的科技创新主体已经完成了"惊险的跳跃"，转而进入新产品逐渐替代老产品的商业化阶段，在这一阶段，创新主体的收益会稳定增长，企业获利增加，创新主体会产生扩大生产规模以增加销售收入的需求，扩大生产规模会要求追加投资，由于科技创新主体面临的风险不断降低，其收入的稳步增长、企业自有资金增加以及不确定性降低，同时具有能够被金融机构接受的低风险抵押物，这一阶段的创新主体的融资需求能够较好地得到满足。成长期的科技创新主体融资需求主要由金融机构、资本市场来满足。

成熟期的科技创新主体已经进入平稳发展时期，这一阶段企业盈利能力较强，财务规章制度健全，具有较高的市场占有率和适度的生产规模，科技创新主体能够获取规模经济带来的效益，企业这一阶段的自有资金较为充实，但是也有融资意愿以维持自身的发展，创新主体在这一阶段会产生间接的和直接的融资需求。由于企业的稳定经营，金融机构有意愿为其提供贷款，同时随着企业规模的不断扩张，上市融资等直接融资方式也成为可能，因此成熟期的创新主体融资需求更加多样化。成熟期的科技创新主体生产规模扩大，盈利能力稳定，金融机构愿意为其提供融资支持，科技创新主体也有能力自行选择融资模式。

进入饱和期和衰退期的创新主体，市场份额由于被新产品替代而逐渐缩小，生产规模缩小，盈利能力也出现下降的趋势，这一时期科技创新主体极有可能会面临亏损的危险，当创新主体的现金净流量小于零时，可以考虑对科技创新企业进行破产清算。饱和期和衰退期企业继续追加投资也不能带来企业盈利能力的提升，因此成熟期之后的饱和期、衰退期两个阶段，企业的融资需求明显下降。

3.1.2　风险管理需求

企业的风险管理是企业以自己的总体经营目标为核心，将经营中可能面临的风险概率降到最小的过程，这是企业自发形成的，从内源对风险进行界定、度量和分析，并采取主动的、有计划的、有效的措施对风险进行处理。科技创新企业的风险管理需求即是科技创新主体产生的降低风险的需求。科技创新活动本身是一项高风险的活动，科技研发、科技成果转化、科技创新成果投入市场等创新的各个阶段都存在风险，除了科技创新活动本身的风险以外，科技创新主体要在金融市场上进行交易不可避免还会存在金融风险。由于风险不可避免，因此科技创新主体便会产生风险管理的需求，以期把风险可能造成的损害降至最低。科技企业从事的科技创新活动不论是在种子期还是在成熟期，都具有极大的不确定性，研发方面存在风险，研发结果的市场化存在风险，产品市场化也存在风险。技术创新通常会经历种子期、创业期、成长期、扩张期、成熟期五个阶段，一般来看，企业从种子期发展到成熟期的概率不会高于20%。

营利和非营利的科技创新主体都存在风险管理需求，以营利为目的的科技创新主体通过风险管理能够实现利润最大化，而不以营利为目的的科技创新主体（如高校、科研机构等）则能通过风险管理来保障资金使用的安全和效率。科技创新主体产生的风险管理需求可以通过金融系统来进行分散，在融资渠道选择上，科技创新主体可以通过选择复合型金融产品以及选择多样化的融资方式达到降低风险和分散风险的目的。科技创新主体在不同生命周期面临的风险高低是不一样的，因此风险管理需求的不同会产生不同的金融需求（如表 3.1 所示）。

表 3.1　科技创新主体在不同生命周期面临的风险及最佳金融支持形式

生命周期	创新成功率	风险	最佳金融支持形式
种子期	<10%	极高	风险投资、政策性金融投入
创业期	<20%	很高	风险投资、优先股
成长期	<50%	高	风险投资、可转换优先股
扩张期	<70%	中	二板市场融资、担保贷款、无担保可转债以及优先股
成熟期	<90%	低	资本市场融资、商业银行贷款

3.1.3　清偿需求

清偿从字面意义上理解即是清偿债务，是资金借入方履行向借出方还款的合约，广义的清偿还包含支付，支付也是清算的一种类型。本书将清算与支付统一归纳为清偿。科技创新主体发展的每一个阶段都会与其他金融市场参与者发生债权债务关系，清偿需求是科技创新主体产生的清算与偿付需求，科技创新主体在生命周期会存在购买固定资产、向金融机构等服务中介借入发展所需资金、产品出售等市场行为，这些买卖行为和借贷行为都会产生支付与清算的需求。在过去，交易双方主要通过银行等金融中介进行结算，借助于金融便利支付与清算的功能来提高清偿效率，现如今，随着互联网、移动通信技术的飞速发展，金融清算与支付方式更加便利、快捷，市场主体的支付方式更加多样化，交易双方可能仅通过移动客户端就能完成对债权债务合约的履行。科技创新主体都会存在通过金融市场进行清算以及支付的需求，无论是高新技术企业、高校、科研机构或个人。科技创新主体十分注重效率，对于高效清偿手段有着明显偏好，高效便捷的清偿方式也成为科技创新主体的重要需求，这就对金融支持供给提出了更高的要求。而在金融支持科技创新活动的实践中，依托发达的互联网和通信技术而变得更加精确、快速、便捷的支付方式确实提升了科技创新活动的效率。

3.1.4 激励需求

科技创新主体会产生内在的激励需求和外在的激励需求。内在的激励需求是激励创新主体进行创新的需求，是从创新主体内部产生的，主要是激发创新主体自身的积极性；外在的激励需求是促使金融供给不断完善的需求。内在的激励需求是通过金融市场上的活动提升创新主体本身的营运效率的需求，如果高新技术企业通过银行贷款融通获取资金，由于要对借贷资金按期支付利息，企业必然会重视资金的使用效率，因此银行贷款这一金融支持供给就满足了高新技术企业的内在激励需求。如果出现银行等金融机构出于规避风险的目的而不愿意向高新技术企业提供贷款情况时，就需要政策性金融出来对高新技术企业进行支持，政策性金融就成为满足高新技术企业的外在激励需求，除了政策性金融，外在的激励需求还包括激励风险投资家对科技创新主体进行投资、金融中介机构为科技创新主体提供服务等方面的内容。

3.1.5 其他金融服务需求

除了资金需求、风险管理需求、清偿需求以及激励需求，科技创新主体还会产生其他金融服务需求，科技创新活动与其他金融市场主体活动一样，在交易过程中会产生信息咨询、财会核算、税收、法律咨询等方面的需求。在科技创新企业进入资本市场进行融资时需要有专业的金融机构为其提供上市方面的咨询和服务；创新企业作为有收益的市场主体，需要定期向国家缴纳税款，科技创新主体不一定具备税收相关知识和核算技能，因此也存在税务咨询需求；科技创新企业在企业的市场行为出现纠纷和争议时，则需要进行法律方面的咨询；科技创新企业在种子期对于融资有极大的需求，却往往不知道融资的手段或如何有效获取资金，这也需要专门的金融服务中心为其提供服务，一些国家和地区就成立了专门为科技创新主体提供金融咨询服务的机构，并将这些机构整合组建成为科技金融服务中心。

3.1.6　科技创新金融支持需求的特点

科技创新活动具有高风险、高投入和高收益的特征，这也是科技创新主体有别于其他金融市场参与主体之处，因此其金融支持需求自然也不同于其他金融市场参与主体。本书将科技创新的金融支持需求的特点概括为以下三点：一是全方位，二是差异化，三是复合性。下文将对这三个特点进行详细分析。

科技创新金融支持需求的全方位特点主要是指科技创新主体要求的金融支持不仅要从时间维度覆盖科技创新活动的每个阶段，还要在固定的时间维度，满足创新活动对于金融支持的全面需求，全方位特征涵盖了两个维度，即空间维度和时间维度。从融资来看，风险投资、天使投资、银行贷款、政策性资金、上市融资等都可以成为科技创新主体获取资金的渠道，而在科技创新主体成长期的每一个阶段都会产生保险、担保、咨询等各方面的金融服务需求，相较于普通金融市场主体，科技创新主体产生的金融支持需求会更多，并且伴随科技创新活动的不断开展，又会不断产生新的金融支持需求。为满足科技创新主体的金融支持需求，金融支持供给必须全方位，同时要具备专业化特征，这就要求金融服务和金融产品要不断创新。从上文对科技创新金融支持需求的分析可以看出，科技创新主体整个生命周期都会产生研究与试验发展支出、销售费用以及资产投资的融资需求，只是这三个部分在不同生命周期的需求程度有高有低，但是多样化的融资需求却贯穿企业成长的整个阶段。科技创新主体产生的金融咨询服务需求同样如此，在不同的发展阶段的同一科技创新主体或处于相同发展阶段的不同科技创新主体，需要咨询的内容都是不一样的，这就使得满足科技创新主体需要的金融产品和金融服务体现出全方位的特征。

科技创新金融支持需求的差异化特点主要表现在两个方面，一方面是不同科技创新主体金融支持需求的差异化，另一方面是同一创新主体在不同发展阶段金融支持需求的差异化。不同科技创新主体对于金融支持需求的差异化是指作为科技创新主体的高新技术企业、高校、科研机构、个人以及创新团队对于金融支持需求的类型和规模是不同的，高新技术企业所需要的金融支持主要包括风险投资、金融中介机构提供的借贷资金、政策性金融支持、科技保险、资本市场以及其他金融服务等，高校及科研机构的主要金融支持需求是政策性金融支持以及科技保险等金融服务，个人需要的金融支持包括天使投资、借贷资金、担保、保险以及其他金融服务，创新团队需要的金融支持包括风险投资、天使投资、借贷资金等。创新主体不同，对金融支持需求的侧重便有所不同，对于不同的创新主体应该提供差异化的金融支持供给。同一创新主体在不同发展阶段对于金融支持需求的差异化是指创新主体都会经历从萌芽期到成熟期这样一个发展的过程，创新主体规模不同，在不同发展阶段产生的金融支持需求也就不同。对于小规模的创新主体而言，可能借贷资金和政策性金融就能满足其发展的需要；而对于大规模的创新主体，可能就需要借助资本市场来满足其发展的需要。同样，以金融咨询服务为例，企业在不同生命周期需要咨询的内容是不同的，比如在科技创新主体发展初期，企业可能会对财务、会计制度咨询产生较大程度的需求，随着企业的成长壮大，财务制度不断健全，那么这方面的需求就会相应地降低，当企业发展到成熟阶段会产生咨询上市融资信息的需求，并且企业还需要咨询科技金融法律、科技保险等方面的相关问题，这也是科技创新主体金融需求差异化的表现之一。

科技创新主体金融支持需求的复合性，是指科技创新主体对于金融支持的需求具有多元化和多样性的特征，具体要求服务于科技创新的金融产品具备多种属性，这是由科技创新活动的特点和科技创新主体发展的特点所决定的。科技创新主体会产生直接金融支持需求、间接金融支持需求以及政策性金融支持需求，并且科技创新的金融支持需求是不断变化的，随着科技创新活动的开展和社会的不断进步，科技创新涉及的领域不断扩充，新的金融支持需求便会衍生出来，金融支持需求不断深化和扩展，这就使得科技创新的金融支持需求呈现出复合性的特征。基于前文的论述，科技创新主体面临的风险较一般企业更高，因此在融资渠道选择上，科技创新主体更倾向于通过复合型金融产品的选择以及选择多样化的融资渠道来管理和处理风险。科技创新主体金融支持需求的复合性主要是由其本身特征所决定的，科技创新主体在向银行等金融中介机构申请贷款时往往因为抵押物的缺乏被拒贷，政府出于推动科技创新的目的会对科技创新企业的贷款进行担保。从科技金融实践上看，科技创新主体获取的金融产品往往兼有"投"与"贷"或者"保"与"贷"的双重特征，有的金融产品兼有"投、贷、保"三重特征，这也充分说明科技创新主体需要的金融产品必须兼顾多重属性。

3.2 科技创新的金融支持供给主体

科技创新的金融支持供给主体主要涵盖了中央银行、政策性银行、商业银行、风险投资机构、民间金融机构、保险公司、担保公司以及科技金融服务中介机构，这些金融机构与科技创新活动的融资需求相对应，各自为科技创新提供不同类型的服务，我国科技创新金融支持服务网络体系参见图3.3。正如前文所述，政策性银行为科技创新提供政策性的引导资金，商业银行为科技企业提供信贷资金，风险投资机构对科技创新金融风险投资，民间金融机构为科技创新提供民间借贷资金，保险公司和担保公司主要是为科技企业信贷资金融通提供保险、担保服务以及对企业进行信用评级，而其他的科技金融中介服务机构主要是为科技企业提供咨询服务，后文将对我国科技创新的金融支持供给主体进行详细分析。

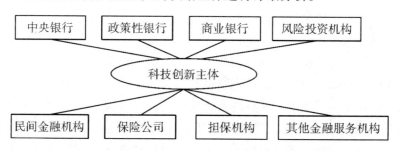

图 3.3 我国科技创新金融支持服务网络体系

3.2.1 政策性金融机构

我国共有三家政策性金融机构，分别是国家开发银行、中国进出口银行和中国农业发展银行，为科技创新提供融资的主要是前两家政策性银行，政策性金融机构在为科技创新提供投融资渠道方面扮演了重要角色。国家开发银行和中国农业发展银行具有促进科技推广、科技成果转化和产业化的政策目标，提供科技贷款是其职责所在，国家开发银行主要是为科研开发项目、高科技中小企业贷款；中国农业发展银行主要为农业科技项目和农业科技企业提供贷款；中国进出口银行则为外向型高新技术产业提供贷款①。

在政策性银行为科技创新提供金融支持的实践中，2006年科技部与国家开发银行签署了《开发性金融合作协议》，2012年年底，科技部分别与国家开发银行、中国进出口银行签署了《支持科技创新合作协议》《支持自主创新开发性金融合作协议》，旨在贯彻全国科技创新大会精神，为科技创新提供更为全面的金融服务，并通过政策性引导作用，推动商业银行和民间金融机构向科技创新领域注资，为科技创新提供更为强劲的动力。2010年10月28日，陕西省科技厅与国家开发银行陕西分行签署开发性金融合作协议，2012年9月，贵州省科技厅与国家开发银行贵州省分行签订《开发性金融支持科技型中小企业贷款合作协议》，2013年12月，新疆生产建设兵团科技局与国家开发银行新疆分行签署《支持科技型中小微企业发展合作协议》。中国进出口银行于2006年设立支持高新技术企业发展特别融资账户，专门从事风险投资业务，以促进科技创新活动的开展，2013年国家发展改革委与中国进出口银行联合印发《关于金融支持高技术服务业发展的指导意见》，中国进出口银行将每年安排一定数额的专项信贷额度支持高新技术产业。政策性金融机构在扶持中小科技企业发展方面起到了引导和保障作用。2022年6月，《国家开发银行关于"十四五"时期加强开发性金融支持科技创新的意见》制定印发，多举措实现对科技创新的全生命周期支持，该行2022年全年发放科技创新贷款2 619亿元，其中中长期贷款占比超过90%，成为支持企业科技创新发展的主力银行。图3.4是国家开发银行2019—2022年累计发放的科技贷款金额，从图3.4可以看出，国家开发银行为科技创新的金融支持力度呈上升趋势，这也说明政策性银行为科技创新提供了金融支持。

从图3.5可以看出，自2005年开始，政策性金融机构发放的科技贷款金额逐年上升，2010—2011年出现小幅下降的原因可能是受金融危机的影响，2011—2012年受创新驱动发展战略引导出现大幅上涨，这也说明政策性金融机构对科技创新的金融支持力度在逐渐加大。

---

① 郑婧渊. 我国金融支持高科技中小企业发展研究［D］. 天津：天津财经大学，2010.

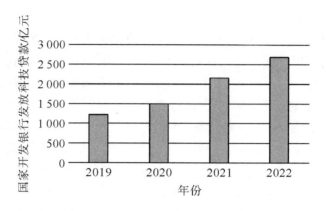

图 3.4 国家开发银行 2019—2022 年发放科技贷款金额
数据来源：中国金融年鉴 2019—2022。

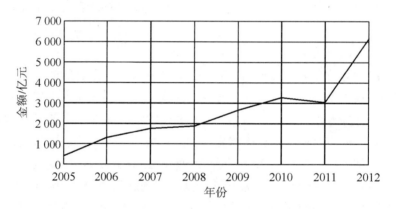

图 3.5 我国政策性金融机构 2005—2012 年科技贷款金额
资料来源：中国科技金融年鉴 2005—2012。

3.2.2 商业银行

我国是商业银行主导的间接融资体系，商业银行的信贷资金对于科技创新活动具有十分重要的作用，但事实上商业银行为科技创新活动提供的信贷资金占信贷资金的比例严重偏低，远远不能满足科技企业的资金需求。并且由于我国资本市场不完善，社会资金大部分以储蓄方式保存在银行，缺乏转化为投资的途径，因此能够用于科技创新的资金十分有限。2006 年 2 月份，国务院发布《国家中长期科学和技术发展规划纲要（2006—2020 年）》，开启了我国科技金融的快速发展期，科技金融服务创新明显加快。

我国商业银行体系借鉴美国硅谷银行经验，成立科技支行，专门根据科技创新活动的特点为其提供有针对性的金融服务。截止到 2023 年，我国成立的科技支行在全国范围内数量已经超过了 1 000 家，包括汉口银行科技支行、杭州科技银行、建设银行成都科技支行、中关村科技银行等（见表 3.2），浙江的创新环境较好，所辖区域内科技支行已经超过 100 家。

表 3.2 我国部分科技支行成立情况

科技支行名称	地区	挂牌时间
成都银行科技支行	四川成都	2009-01-11
建设银行科技支行		
杭州银行科技支行	浙江杭州	2009-07-08
汉口银行光谷支行	湖北武汉	2009-09-29
平安银行深圳科技支行	广东深圳	2010-05-27
农业银行无锡科技支行	江苏无锡	2010-09-26
交通银行苏州科技支行	江苏苏州	2010-11-26
交通银行镇江科技支行	江苏镇江	2010-12-30
建设银行老城开发区科技支行	海南生态软件园	2012-05-09
德阳银行高新科技支行	四川德阳	2012-06-29
中信银行郑州商都路支行	河南郑州	2012-12-19
福建海峡银行福州科技支行	福建福州	2013-03-08
宜宾市商业银行科技支行	四川宜宾	2013-09-30
阳泉市商业银行科技支行	山西阳泉	2013-12-20
贵州银行科技支行	贵州贵阳	2014-07-17
海南省农行科技支行	海南省	2014-12-25
河北银行裕东科技支行	河北石家庄	2015-04-18
新疆生产建设兵团	新疆	2016-04-19
宁波银行科技支行	浙江宁波	2018-08-17
中国民生银行西宁海湖科技支行	青海西宁	2019-12-29
中国工商银行金昌科技支行	甘肃金昌	2022-09-16

资料来源：科技部网站。

部分股份制银行也开展了一些针对科技企业的贷款业务，比如四川省积极构建"科技金融"发展模式，截止到 2022 年年末，科技金融专营机构数量达 14 家，科技支行增加至 13 家。图 3.6 是四川省 2004—2014 年科技信贷比重变动图，从图 3.6 可以看出，四川省 2004—2014 年科技信贷额变动趋势不稳定，在 2010 年之后科技信贷占比持续上升，这与四川省发展科技金融，成立科技支行密切相关。

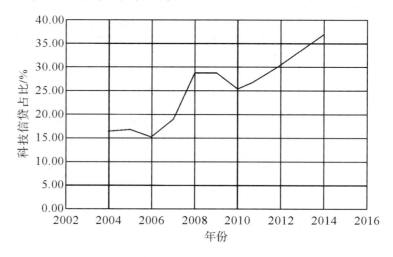

图 3.6　四川省 2004—2014 年科技信贷比重变动

一些地区的商业银行在推进科技贷款、创新金融产品方面取得了显著成效。上海市充分发挥银行信贷作用，"科技履约贷""科创助力贷"等科技专属信贷产品持续完善，2022 年年末，上海科技型企业贷款余额较年初增长 52%。四川省大力推出创新科技金融支持政策，"天府科创贷"累计撬动 13 家银行向四川省 534 家科技型企业发放贷款共计 24 亿元。

3.2.3　风险投资机构

科技创新活动具有高风险的特征，与之相匹配的最有效率的融资方式是风险投资。然而正如上文所分析的，我国的资本市场不完善，受政策因素影响较大，资本市场不活跃，导致风险投资主体积极性不高，科技企业创业初期所需的资金来源主要是企业自有资金，对于一些规模较小的科技创新主体，资金来自民间借贷和企业创办人的自有资金。在庞大的金融服务网络体系中愿意为科技创新活动提供金融服务的金融机构十分有限，据统计，截至 2015 年，我国共有风险投资机构 1 775 家，风险资本总量

6 653.3亿元，风险投资活动开展情况如图 3.7 和图 3.8 所示，从图 3.7 和图 3.8 中可以看出，虽然创业风险投资机构数和创业风险投资管理资本总量呈逐年上升趋势，但是就其总体规模而言，我国与创新程度较高的国家之间还存在较大差距。

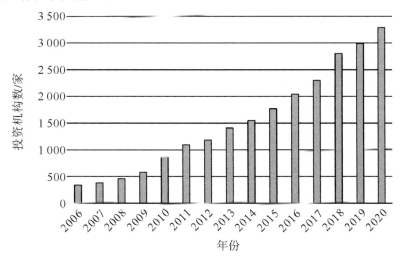

图 3.7　我国 2006—2020 年我国创业风险投资机构数

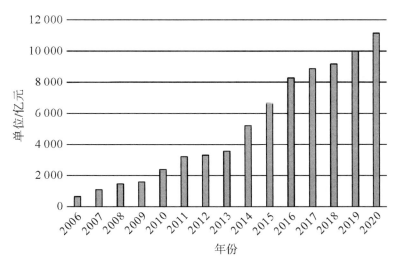

图 3.8　我国 2016—2020 年创业风险投资管理资本总量

从表 3.3 我国 2016 年风险投资行业分布情况可以看出，风险投资的金额和项目数主要集中在信息技术、软件与服务等高技术产业，这说明风险投资对科技创新起到了一定的支持作用。由于我国的金融政策注重稳健，因此政府在制定风险投资相关的管理政策方面，难免会对风险投资行业有一系列的限制，这与风险投资的内在属性是不相容的，因此也阻碍了风险投资的发展。为了与国家政策要求相适应，近几年我国出台了支持风险投资发展的政策，风险投资规模有了明显改善，然而从风险资金来源结构上看，政府仍然是风险投资的主导力量。据统计，我国风险投资机构80%以上的风险资本是由政府提供的，这也使得风险投资公司存在与国企相似的弊病，部分城市为了以风险投资促进本地科技创新活动的开展，纷纷设立风险投资公司，如广州科技风险投资有限公司就是由政府注资成立的，成都创新风险投资有限公司是由四川省人民政府和成都市人民政府共同组建的，这些例子都说明我国目前缺乏成立民间资本主导的风险投资公司的相关激励机制。风险投资的主导力量是政府，这是与经济规律不相符合的，要想激发出风险投资公司的活力，必须降低政府在风险资本中所占的比重，否则科技创新就无从谈起。

表 3.3　我国 2016 年风险投资行业分布

行业	金额/亿元	风险投资项目数/个
电信服务	2	2
房地产	15.4	4
信息技术	2 116.18	1 746
软件与服务	2 085.53	1 666
技术硬件与设备	30.22	74
半导体与半导体生产设备	0.436 9	6
可选消费	244.18	348
公用事业	2.48	6
材料	8.58	23
日常消费	24.43	38
医疗保健	99.97	124
金融	565.38	130
工业	60.01	99
能源	10.12	5

资料来源：Wind 金融数据库。

3.2.4　信用担保机构

在信用担保方面，国家为了提高担保机构为科技企业提供担保的积极性，制定了包括风险损失补偿、对担保机构进行资金扶持和奖励等在内的一系列激励政策，经过20多年的实践探索，逐步形成有中国特色的"一体两翼四层"科技型中小企业担保体系（见图3.9）。

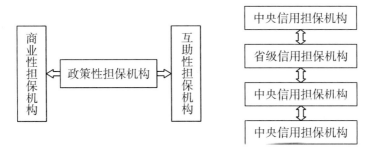

图3.9　"一体两翼四层"科技创新信用担保体系①

我国目前的担保模式主要有政策性担保模式、互助式担保模式、商业担保模式和联合担保模式，值得一提的是，联合担保模式中的网络联保模式是阿里巴巴在2007年5月推出的，并与中国建设银行和中国工商银行合作推广，这两家银行以阿里巴巴为媒介向中小企业发放无抵押、无担保贷款，促进了中小科技企业的发展，这也是我们国家在科技贷款担保体系建设上的创新。厦门市从2013年4月开始正式运作科技贷款担保业务，至2014年年底，该市担保公司累计为科技型中小企业提供贷款担保超6.5亿元，仅在2014年期间，厦门市担保公司就完成了超过4亿元的科技贷款担保业务，这一措施促进了科技创新主体融资，并推动部分科技创新企业在新三板上市。广州市2015年出台《广州市科技型中小企业贷款担保资金管理试行办法》，规定按照一定标准用财政资金对向科技企业提供担保的担保公司进行担保费用的补贴。调查研究发现，大部分地方成立的科技担保公司都是以政府出资为主，民间自发成立的科技担保公司几乎没有，已存在的私人担保公司中自发开设科技贷款担保业务的公司屈指可数，大部分是为了迎合政府政策。由此可以看出我国担保公司开设科技贷款担保业务的内在激励机制是不足的。

---

① 赵昌文，陈春发，唐英凯. 科技金融［M］. 北京：科学出版社，2009.

3.3 科技创新的金融支持供给渠道

1985 年之前，科技创新的投入渠道是单一的财政资金投入，1985 年党中央做出广开科技投融资渠道的决定之后，我国对于科技创新投资渠道的探索才逐步开展起来。近几年，科技创新对于经济发展的拉动作用愈发明显，科技创新的融资渠道逐步完善。我国目前科技创新活动的资金供给渠道除了内源资金，也就是科技创新主体的自有资金以外，主要就是财政资金，财政资金主要是指中央和地方财政对科技创新的直接投入部分。

研究与试验发展（R&D）经费支出指的是统计年度内全社会实际用于基础研究、应用研究和试验发展的经费支出。这一指标能够准确衡量出当年全社会对于科技创新的投入力度。表 3.4 是我国 2000—2020 年我国研究与试验发展（R&D）投入总量和强度，从中可以看出从 2000 年到 2020年，我国研究与试验发展（R&D）经费都呈现逐年上升的趋势，投入强度也在不断提升。

表 3.4　2000—2020 年我国研究与试验发展（R&D）投入总量和强度

年份	研究与试验发展（R&D）投入总量/亿元	占国内生产总值的比重/%
2000	896	1.0
2001	1 042.5	1.1
2002	1 287.6	1.23
2003	1 539.6	1.31
2004	1 966.3	1.23
2005	2 450	1.34
2006	3 003.1	1.42
2007	3 710.2	1.49
2008	4 616	1.54
2009	5 802.1	1.7
2010	7 062.6	1.76
2011	8 687	1.84

表3.4(续)

年份	研究与试验发展（R&D）投入总量/亿元	占国内生产总值的比重/%
2012	10 298	1.98
2013	11 846.6	2.08
2014	13 015.6	2.05
2015	14 169.9	2.07
2016	15 676.7	2.11
2017	17 606.1	2.13
2018	19 677.9	2.19
2019	22 143.6	2.23
2020	24 000	2.4

数据来源：根据国家统计局网站资料整理。

图 3.10 更加明显地显示出 2000—2020 年我国研究与试验发展（R&D）投入总量的增长趋势，2010 年之前我国研究与试验发展（R&D）投入增长较为平缓，2010 年之后我国研究与试验发展（R&D）投入总量快速增长，这主要得益于 2010 年之后我国政府大力推行创新驱动发展战略。

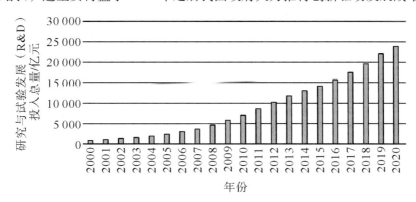

图 3.10　2000—2020 年我国研究与试验发展（R&D）投入总量

再看研究与试验发展（R&D）投入强度，如图 3.11 所示。我国研究与试验发展（R&D）投入强度从 2000 年到 2020 年总体呈上升趋势，在 2003—2004 年出现下降，由于投入强度是投入总量与国内生产总值之比，因此出现下滑的原因主要是国内生产总值的增长速度较快。

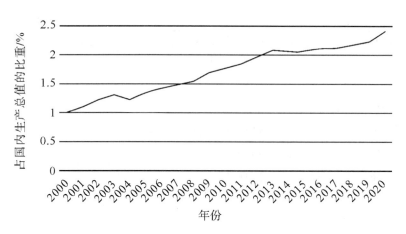

图 3.11　2000—2020 我国研究与试验发展（R&D）投入强度

　　虽然我国科技投入规模持续扩大，但是与世界主要创新型国家相比，还存在很大差距。2022 年我国研发经费居于世界第二，仅次于美国，但是在数量上与美国的差距较大，这也说明现行的科研经费投入总量以及结构与创新型国家建设目标还尚存差距。科技投入强度是衡量一国创新水平的重要指标，表 3.5 列举了世界主要国家部分年份的研发经费投入。通过表 3.5 可以看出我国科技投入与美国还存在一定差距。

表 3.5　世界主要国家研发投入　　　　　单位：亿美元

年份	中国	美国	日本
2018	3 706	4 765	1 705
2019	5 148	6 127	1 726
2021	4 680	6 075	1 264
2022	4 590	7 132	1 354

资料来源：根据《中国科技统计年鉴》整理获得。

　　结合我国科技创新的金融支持实践，本节主要从信贷融资、资本市场融资、风险投资以及互联网金融四个方面对科技创新金融支持供给渠道进行分析。

（1）信贷融资

信贷融资主要包括政策性金融机构为科技创新发放的信贷资金和商业性金融机构为支持科技创新发放的信贷资金，以及其他融资中介发放的科技贷款。近年来，政府也不断探索创新金融支持科技创新的方式，2011 年以来，我国大力推行科技与金融结合试点，并确定北京中关村、天津、上海、成都高新区等 16 个试点地区，在这些试点地区积极探索科技企业的有效、多层次融资渠道。以中关村国家自主创新示范区为例，该地区积极探索知识产权质押融资，中关村知识产权促进局的统计数据显示：11 年来，北京市政府累计向 100 家中关村企业发放知识产权质押贷款贴息专项资金 1 110 万元，支持贷款金额 12.09 亿元，通过此专项资金撬动了 100 倍的知识产权质押贷款资金。武汉市则打造出"科技创业投资+银行专项贷款"的服务模式，上海创新银保合作产品，推出"科技型中小企业履约保证保险贷款"试点。从以上几个方面可以看出金融对于科技创新的支持维度大大扩展了，科技创新的信贷融资渠道也在不断拓展。

我国是商业银行主导的间接融资体系，商业银行的信贷资金是各类企业的主要资金来源，商业银行掌握了全国 80% 以上的金融资产，对于推动国民经济的发展发挥着重要作用。商业银行发放科技贷款可以追溯到 1984 年，最早为科技创新活动发放贷款的商业银行是中国工商银行，之后，中国建设银行和中国农业银行在 1990 年大规模开展科技开发贷款业务，中国银行和交通银行于 1991 年开始大规模开展科技开发贷款业务[①]。2009 年，国内企业科技筹集资金总额 4 248.6 亿元，除了企业的自有资金、国外资金和财政投入，银行信贷资金总额不足 51.1 亿元，占比不足 1.20%，为了更好地满足科技创新主体发展需求，很多银行都积极探索创新科技金融产品，中国建设银行探索建立了"助保贷"模式，民生银行建立了"投联贷+PE 增信"模式，旨在促成科技创新主体更高效的获取资金。

银监会发布的 2014 年度《中国银行业运行报告》数据显示，2014 年商业银行的新增贷款投向主要集中于个人贷款、批发和零售业、房地产业，其占比分别为 28.0%、12.2%、11.0%，2013 年和 2014 年新增贷款用于支持科技创新的部分不足 5%。国内银行业在 2014 年前 6 个月发放的企业贷款中，中小企业贷款仅占 45%，而投向中小企业的大部分贷款发放给

---

① 朱鸿鸣，赵昌文，付剑峰. 中国科技贷款三十年：演进规律与政策建议［J］. 中国科技论坛，2012（7）：20-26，31.

了规模较大的中型企业，投向包括高科技型企业和创业企业在内的小型企业的信贷资金总额不足 10%[①]。虽然小型企业信贷占比较低，但是伴随创新驱动发展战略的深入实施，以金融赋能科技的理念持续深入人心，在国家支持科技创新金融政策不断完善的基础上，商业银行对科技创新企业的信贷支持力度逐年提升。

（2）资本市场融资

我国的资本市场建设起步较晚，尚未形成多层次的资本市场结构，作为科技创新企业主要融资场所的创业板市场于 2009 年 10 月开始成立运行，2012 年证监会颁布《全国中小企业股份转让系统业务规则（试行）》，开创了新三板的新篇章。2013 年 1 月 16 日，全国中小企业股份转让系统有限责任公司正式揭牌运营，新三板来到了从试点到规范运营的转折点。《2021 中国资本市场报告》显示，截至 2021 年年底，我国 A 股上市股票共计 4 685 只，其中上交所 2 032 家（主板 1 655 家、科创板 377 家），深交所 2 571 家（主板 1 481 家，创业板 1 090 家），北交所 82 家。2014 年，中国科技企业上市总量增长迅速，占全球的 38%，大幅超越 2013 年的 13%，中国企业融资金额占全球总量的 57%，而 2013 年这一比例仅为 9%。报告认为，中国资本市场的复苏使得中国科技企业上市活动取得了有史以来最大幅度的同比增长。2022 年全年我国科创板挂牌上市企业共计 124 家。由于历史和现实原因，我国科技创新企业通过资本市场融资目前尚在发展阶段（见表 3.6），科技企业对于银行信贷资金的依赖程度相当高，对于资本市场建设，在后文中将会有详细的分析。

表 3.6　我国 2017 年资本市场规模统计

项目指标	规模
上市公司总数	3 318
上市股票总数	3 400
上市 A 股总数	3 300
上市 B 股总数	100
总股本/亿股	59 522.52

---

① 朱玉辰. 新形势下股份制商业银行应加快发展科技金融 [J]. 中国银行业，2014（11）：39-41.

表3.6(续)

项目指标	规模
流通股本/亿股	50 804.56
流通 A 股/亿股	43 364.80
流通 B 股/亿股	286.735
流通 H 股/亿股	7 154.49
非流通股/亿股	52.71

数据来源：Wind 数据库。

（3）风险投资

科技创新活动具有高风险的特征，这决定了其最优融资方式是风险投资，尤其是在创业活动初期，风险投资对于创新活动具有十分重要的意义和作用。在美国，其科技创新活动的主要资金来源是风险投资，这也是其十其完善的多层次的资本市场，发达的风险投资在美国科技创新活动中扮演了重要角色，美国的风险资本来源中，养老基金在私人风险投资中所占比例可以达到50%[①]。我国由于缺乏完善的资本市场，因此风险投资规模十分有限，风险资金来源也较为单一，如果把风险投资分为公共投资和私人投资两类，美国的风险投资是以私人投资为主，我国则是以公共投资为主。

我国的风险投资源于1985年，最初形式是由国家科学技术委员会联合财政部设立风险投资公司。直到1995年，各级地方政府开始摸索设立合资或国有独资的风投机构，证券、私人公司和民间资金也开始涉足这一领域。风险投资的发展持续到2002年便进入调整期，这一年受国际经济形势的影响，风险投资规模急剧下降陷于停滞，这种情况在2004年之后出现好转。根据《科技型中小企业创新基金2012年度报告》可知，2012年度中央财政安排创新基金预算43.7亿元，立项项目7 436个，立项资金总额为51.34亿元，全年完成项目验收4 826项，验收合格率为90.7%。截至2012年年底，创新基金累计财政投入220.9亿元，累计立项项目39 836个，创新基金直接拉动地方政府、银行贷款及其他社会资金投入514.33亿元。2020年，我国创业风险投资机构达3 290家，较2019年增加了296

---

① 施祖麟，韩岱峰. 我国风险投资现状回顾 [J]. 清华大学学报，2000（1）：22-27.

家，增幅为 10%；风险投资管理资本总量达到 11 157.5 亿元，增幅为
12%。投资重心呈现前端化和早期化趋势，首轮投资仍占主导地位，后续
投资的比例不断上升。我国 2010—2020 年创业风险投资机构数量见
表 3.7。

表 3.7　2010—2020 年我国创业风险投资机构数量

年份	创业风险投资机构数量/家
2010	867
2011	1 096
2012	1 183
2013	1 408
2014	1 551
2015	1 775
2016	2 045
2017	2 296
2018	2 800
2019	2 994
2020	3 290

我国的风险投资来源构成中，除了企业资金以外，政府资金占风险投
资的比例十分高，风险投资具有明显的计划性和行政性。在我国经济发展
初期，风险投资的这一特征更加明显。《中国风险投资发展报告 2013》中
的数据显示，我国的风险资本来源结构构成中，政府资金所占份额远远高
于私人资金，私人投资比重与政府投资比重之间的差距十分明显。再与美
国的风险资本构成相对比，可以看出养老基金是美国风险资本构成的主要
来源，从图 3.12 和图 3.13 的对比可以明显看出，我国与美国在风险投资
来源结构上的区别。通过对比我们可以明确地看出我国风险投资存在的问
题主要是风险投资来源结构单一以及私人投资比重太低。

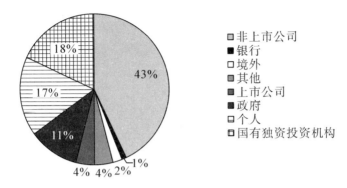

非上市公司
银行
境外
其他
上市公司
政府
个人
国有独资投资机构

图 3.12　我国风险投资来源结构

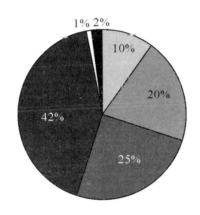

■大型企业 □个人和家庭 ▨捐赠基金 ▨银行和保险公司 ▦养老基金 □国外投资

图 3.13　美国风险投资来源结构

风险投资的政府主导作用虽然能够促进风险投资事业的发展和创新活动的开展，但是由于资本的趋利性，很多风险投资公司将资金投向了房地产等行业，风险投资并没有真正发挥其对于科技产业的支持作用。随着经济深入发展对创新需求程度的加强，风险投资渠道单一和过度依赖政府财政都会对科技创新活动产生阻碍。

（4）互联网金融

互联网金融是科技创新和金融创新相结合的产物，代表了金融民主化和普惠金融的发展趋势。关于互联网金融的概念，谢平教授提出："在这种金融模式下，支付便捷，市场信息不对称程度非常低；资金供需双方直接交易，银行、券商和交易所等金融中介都不起作用；可以达到与现在直接和间接融资一样的资源配置效率，在促进经济增长的同时，大幅减少交易成本。"① 互联网金融具有代表性的融资模式是 P2P 网贷平台，其运作模式是资金借出方收取利息，借入方支付利息，资金借贷双方通过平台自由竞价，网贷平台收取中介费用。这一模式源于美国，美国互联网金融的快速发展主要得益于其健全的法律体系、多层次的监管体系以及完善的信用网络体系。在我国，互联网金融尚处于发展期，截至 2021 年 1 月，我国共有 3.9 万家互联网金融相关企业，中关村核心区聚集了数量较多的互联网金融机构。互联网金融机构一方面成为推动科技创新的新力量，另一方面也说明科技创新离不开互联网金融的支持。

互联网金融是科技创新和科技进步的产物，但是由于本身的高风险以及缺乏有效的外部监管，潜在的风险也是相当大的，比如 2013 年 10 月就曾经暴发了大规模的提现危机。互联网金融较之传统金融模式，不仅存在流动性风险、利率风险和汇率风险等传统风险，还存在技术风险、法律风险等新形式风险。就我国而言，在中关村以外的其他地区，互联网金融的发展是有限的，从互联网金融与科技创新融资的关系来看，网络贷款的无抵押、高风险与科技创新是匹配的，但是在实际操作中，由于我国金融市场体系不健全和金融制度不完善，尤其是信用体系建设滞后，金融体系在目前的发展阶段尚缺乏对互联网金融等新兴金融形式的包容性，互联网金融这一模式能够对科技创新发挥的作用十分有限。

由于互联网金融对科技创新的支持作用具有不可替代性，我国政府将互联网金融的发展放在了十分重要的位置，2015 年 7 月，《关于积极推进"互联网+"行动的指导意见》印发，旨在推动互联网金融的健康发展，顺应普惠金融的发展趋势，并鼓励金融与互联网结合创新，积极满足不同层次实体经济的投融资需求，具体措施包括：推动互联网金融平台建设、鼓励金融机构通过互联网技术进行创新、拓展互联网金融服务的深度和广度，并明确了措施的目标是为实体经济服务。2017 年 6 月，四大国有银行纷纷宣布与互联网龙头企业展开战略合作，以互联网为媒介进行传统银行转型升级，商业银行与互联网企业的合作主要围绕金融科技领域展开，以创新金融产品，提升金融服务效率为目的，从这一事件可以看出，传统银行转型升级需要依赖互联网，规范化的互联网金融科技是金融科技的现实

---

① 谢平. 互联网金融模式研究 [J]. 金融研究，2012（2）：11-23.

存在形式，因此在科技创新的融资渠道建设方面需要充分重视互联网金融的作用。目前我国互联网金融实践中存在的最大问题就是发展模式单一，监管不到位，并且互联网金融对科技创新的支持能力有限。

3.4 科技创新金融支持的法律及监管体系

3.4.1 科技创新金融支持的法律体系

随着现代市场经济的迅速发展，科技创新与金融支持之间的相互依存度不断加强，从一定程度上来讲，科技金融能够通过一系列的制度安排，弥补市场机制在科技资源配置方面的缺陷，促进金融与科技的结合，使金融更好地服务于科技创新。正如前文所述，由于科技创新活动具有很强的正外部效应，因此政府的政策资金扶持是必须的，而通过制定政策和措施引导金融体系为科技创新服务能够实现科技资源优化配置。现阶段，虽然我国科技创新取得了巨大的进步，科技金融体系也在不断完善，但是科技创新所需的金融支持是远远不足的，尤其是金融市场主体为科技创新提供服务缺乏积极性，为了提升金融市场主体服务于科技企业的积极性，保障科技创新的金融支持，必须要建立完善的科技金融法律体系。完善的科技金融法律体系能够对科技创新的金融支持活动起到约束、激励和保障作用。目前虽然我国出台了许多促进科技创新金融支持的政策和措施，但是没有专门的科技金融法律规范，表3.8是与科技金融相关的法律、法规以及规章的数量。

表 3.8　我国科技金融相关法律、行政法规以及部门规章　单位：部

年份	法律	行政法规	部门规章	法律、法规及规章合计
1995	4	1	0	5
1996	4	1	0	5
1997	4	5	1	10
1998	5	8	1	10
1999	6	10	1	17

表3.8(续)

年份	法律	行政法规	部门规章	法律、法规及规章合计
2000	6	15	5	26
2001	7	18	11	36
2002	8	18	24	50
2003	3	18	36	57
2004	15	18	38	71
2005	16	20	43	79
2006	17	20	46	83
2007	21	21	48	90
2008	21	22	48	91
2009	21	22	48	91
2010	21	22	50	93
2011	21	22	50	93
2012	21	22	50	93
2013	21	23	51	92
2014	22	23	—	—
2015	22	24	75	121
2016	22	24	77	123
2017	22	24	80	126
2018	22	25	84	131
2019	22	25	89	136
2020	22	25	94	141
2021	22	26	101	149
2022	22	26	104	152

数据来源：中国人民银行条法司。

科技方面的法律有《中华人民共和国科学技术进步法》《中华人民共和国促进科技成果转化法》《中华人民共和国专利法》《中华人民共和国科学技术普及法》等，金融相关法律有《中华人民共和国中国人民银行法》

《中华人民共和国商业银行法》《中华人民共和国保险法》《中华人民共和国证券法》《中华人民共和国担保法》。这些科技、金融法律对于促进科技创新、维护金融秩序各自起到了积极作用，然而这两种法律体系独立性太强，科技法律体系中不涵盖金融支持、金融法律体系不涵盖科技创新，我国的科技创新的金融支持缺乏高层次的法律规范的保障。伴随着社会进步，一些新的金融工具不断涌现，然而现有的法律也没有做出及时的更新，比如科技银行已经在我国存在许多年，但是《中华人民共和国商业银行法》却没有对科技银行进行司法解释，这也导致科技银行这一模式在实际操作中存在监管机制缺失，科技银行服务科技创新的效果与预期相差甚远。

通过分析我国现有的科技、金融相关的法律法规可以发现，目前我国还没有专门的科技金融法律制度规范，虽然在金融支持科技创新的实践当中，风险投资、私募基金、科技保险、科技担保、知识产权质押等在我国都有应用，但是在科技相关法律和金融相关法律体系中并未对上述金融行为进行规范。比如与科技创新活动密切相关的风险投资，由于立法欠缺和监管滞后，导致风险投资行为蕴藏的风险增大①，风险投资主体的利益得不到有效保障，积极性得不到有效激发。科技金融法律的缺乏，也是造成我国风险投资落后的原因之一。1993 年，科技金融概念在我国首次提出，但是由于立法滞后，直到现在也没有形成完整的科技金融法律体系，伴随着科技创新在国民经济中地位的提升，各地纷纷出台了一系列科技金融相关的政策、措施，但是由于立法层级较低，缺乏权威性和稳定性，无法上升到法治层面，因此大大影响了各地科技金融政策的执行力度，致使金融支持科技创新的效果大打折扣。

3.4.2 科技创新金融支持的监管体系

金融监管即是金融监督和管理，是政府通过特定的机构对金融交易行为主体进行的限制与规定，属于政府规制行为。金融监管应该遵循的原则主要有依法、公开、公正、效率、协调性和独立性。金融监管的对象是金融交易行为主体，20 世纪的金融监管理论经历了经济自由化、政府管制、

---

① 喻少如. 科技金融法律制度建设刍议 [J]. 法制与经济，2011（7）：67-69.

金融自由化以及适度管理并兼顾效率与稳定这几个过程①，在我国，银行监督委员会、证券监督委员会和保险监督委员会是主要的金融监管机构。科技金融监管是对科技金融行为主体进行的金融监督和管理，科技金融监管的对象按照定义划分主要应为科技创新活动主体、机构以及从事科技金融相关活动的市场主体。科技金融监管也是金融监管的一部分，因此在实际操作中同样需要坚持依法、公开、公正、效率、独立性和协调性的原则。在以金融支持科技创新的进程中，科技创新主体、金融机构、中介机构等金融市场主体之间产生出诸如银行关系、证券关系、金融租赁关系等复杂的关系，对这些关系必须通过立法来进行有效的金融监管，才能维持整个科技金融市场秩序的稳定，降低风险，为金融服务科技提供良好的外部生态环境。

金融监管的依据是金融法律，正如上文分析，我国目前科技金融实践缺乏科学、全面的立法规范，这就直接导致金融监管无法可依。风险投资对于科技创新活动具有十分重要的意义，但是风险投资立法的缺失和滞后致使对于风险投资这一行为无法实施有效的金融监管。随着近几年互联网技术的飞速发展，网络贷款公司蓬勃发展起来，这些公司的融资模式在一定程度上与科技创新企业的融资需求相契合，在推动中小科技企业的发展中扮演着越来越重要的角色。网络贷款是根据融资者的个人信用发放的贷款，个人信用贷款属于高风险贷款②，监管与风险是相伴而生，有风险就需要监管。目前我国网贷公司发展良莠不齐，网贷监管的必要性更加突出。由于立法滞后，网贷业务有很多都不涵盖在现行金融监管的相关法律之中，金融监管机构无法对网络贷款公司进行有效监管，导致网贷风险巨大，秩序也十分混乱，这对保护金融市场主体权益和稳定金融秩序是不利的，因此针对互联网贷款进行立法迫在眉睫。

对我国科技创新金融支持供求进行分析可以得出，我国目前金融支持金融供给的供给主体不完善、供给渠道尚未实现多元化，科技创新的金融支持供求缺乏法律制度保障，科技创新的金融支持体系亟待完善。

---

① 崔瑛，齐兰. 推进科技金融工作需要重视金融监管理论及其实践 [J]. 中国科技论坛，2010 (6)：117–121.

② 谢平，邹传伟. 互联网金融监管的必要性和核心原则 [J]. 国际金融研究，2014 (8)：3–9.

4 金融支持科技创新的作用机理

4.1 金融支持科技创新的资源配置机制

资源配置在西方经济学中的含义是指有限的资源在不同部门之间进行分配，这些资源包括劳动力、资本和自然要素。资源配置机制包含动力机制、信息机制和决策机制。资源配置的动力机制是指经济主体出于自身发展的需求，有获得资源的内在激励，而资源会选择流向经济效益高的部门，这就促使经济主体不断提升经济效率水平，以吸引资源的流入。资源配置的信息机制是社会为实现资源优化配置而形成的信息收集、分析、传递以及利益的机制。资源配置的决策机制是资源分配的决策权形成机制，比如市场经济体制的资源配置决策权属于市场，计划经济体制的资源配置决策权属于政府。

金融系统具有资源配置功能，金融机构吸收存款形成储蓄，再通过发放贷款将储蓄转化为投资，以这一方式对社会资源进行再分配，金融系统配置的资源主要是以资金形式存在的。由于金融机构发放的贷款具有趋利性，因此集中在金融机构手中的资金会流向收益高并具有比较优势的部门，当这一部门的私人收益等于社会平均收益时，便实现了均衡。金融支持科技创新的资源配置机制是金融系统通过吸收社会存款形成储蓄，再将储蓄转化为投资，然后在各科技创新部门之间进行分配的过程，金融的资源配置功能是通过金融市场和金融中介来实现的。通过发挥金融机制的资源配置功能，有限的资源会在不同的科技创新部门之间流动，当科技创新部门的私人收益低于社会平均收益，资源会流出，转而流入私人收益高于社会平均收益的部门。金融支持科技创新的资源配置机制也包括动力机制、信息机制和决策机制，金融支持科技创新的资源配置机制见图4.1。

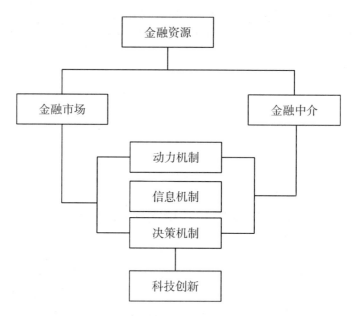

图 4.1　金融支持科技创新的资源配置机制

　　首先分析动力机制。科技创新主体为了获取资金，会产生提高生产效率的动力。它们会采用提高本部门生产效率的方式来促使私人收益高于社会平均收益，这些提高生产效率的方式包括更新厂房和设备、提升人员素质以及优化科技创新的外部环境等措施，科技创新主体采取这些措施是为了获得金融中介或金融市场提供的资金，是科技创新主体自发形成的需求。通过动力机制的发挥，科技创新产业的发展速度会提升，发展规模会扩大，产业结构会得到优化。

　　其次分析信息机制。金融体系具有放大、扩散信息以及降低信息不对称的功能，科技创新主体基于对金融资金的需求，会对相关信息进行采集、分析和处理，并通过信息传导，掌握金融资金，获取相关信息。信息机制有助于科技创新主体掌握市场供需情况，实现科技创新产业与市场需求适配，使科技创新主体对生产结构进行调整，生产出满足市场需要的产品，这有助于科技创新活动与经济增长相适应，最终使科技创新服务于实体经济。

　　最后分析决策机制。金融资源配置的决策机制可以按决策主体不同划分为市场决策机制和政府决策机制两类。市场决策机制是以金融市场和金融中介为基础的决策机制，金融资源不受政府管制，自由地在各科技创新部门之间流动，并选择流向收益高的科技创新部门。政府决策机制是由政府采取强制性的法律、行政手段来决定金融资源的流向，政府决定金融资源流向的主要手段有政策性金融、准备金制度以及利率、汇率管制等。在金融支持科技创新的实践中，并不会存在绝对的市场决策机制和绝对的政府决策机制，即便是高度金融自由化的国家也需要政府对金融资源配置进行干预，将资金投入具有良好发展前景和潜力的科技创新部门。

4.2 金融支持科技创新的资本形成机制

资本作为生产基本要素之一，是社会生产投入的一个重要部分。资本形成是指闲散的资金转变成为生产服务的资源的过程，用于社会生产的资金才能界定为资本。资本形成过程就是储蓄转化为投资的过程，包括了储蓄形成以及储蓄转化为投资两个阶段，具体过程有三条路径，参见图4.2。第一条路径是生产产出部分不用于消费便会形成储蓄，储蓄进一步转化为投资，投资转化为用于生产的资本；第二条路径是通过金融机构吸收社会公众的存款，存款转化为储蓄，储蓄转化为用于生产的投资；第三条路径也是通过金融机构吸收存款，然后发放生产性贷款给生产主体进而形成生产资本。

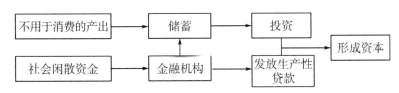

图 4.2　资本形成过程

通过对资本形成过程的分析，可以清晰地看出金融机构的作用，一方面，金融机构通过将吸收的存款转化为储蓄，储蓄进一步转化为投资，投资再形成资本；另一方面，金融机构将吸收的公众存款用于发放生产性贷款形成资本。金融能够为科技创新活动提供支持的本质是资金的规模效应，科技创新企业通过金融体系获取外源资金，资金规模越大，资金边际成本降低，科技创新成本也就相应降低，科技创新主体的创新动力增强。科技创新活动对资金的需求量是十分巨大的，科技创新主体从银行、风险投资机构、民间金融机构等融通获取资金，解决研发经费不足的问题，金融为科技创新活动提供机器设备、人员、工作场地等物质条件，以便科技创新活动的开展。科技创新主体也会不断发展成熟，金融市场能为不同规模和发展阶段的科技创新活动提供融资服务。科技创新主体还能通过科技金融服务平台获取自己想要的金融服务，科技金融服务平台能够有效解决科技企业与金融机构之间的信息不对称问题，帮助科技创新主体更容易地获取资金。有效的融资为许多有技术、有眼光和有能力的中小科技企业和机构提供了发展空间，科技创新发展所需要的资金得到满足不仅能够帮助其参与市场竞争，扩大企业规模，也能间接地帮助市场进行产业升级和产品优化，同时打破市场垄断行为，提升行业的核心竞争力①。

科技创新活动对于资金的需求量是较大的，因此其对资本的要求也相对较高。前文已经对科技创新经历的过程进行了论述，并说明了每个阶段科技创新主体对应的金融需求。金融体系中涵盖的金融中介能对科技创新主体获取资本产生积极的作用，金融机构可以分为政策性金融机构和商业性金融机构两类，政策性金融机构在促进资本形成机制方面与商业性金融机构有所不同。政策性金融机构主要是在科技创新主体成长初期为其提供政策性的资金，并出台有助于科技创新主体融通资金的相关政策，当科技创新主体发展成熟之后，政策性金融机构便会慢慢退出，政策性金融促进资本形成机制是通过政策性资金的投入、引导政策以及对宏观经济的调控来实现的。政策性金融促进资本形成机制的作用需要通过商业金融来扩大，科技创新主体发展成熟之后对政策性金融的依赖会减弱，商业性金融在科技创新主体融资过程中会扮演越来越重要的作用。资本市场在科技创新资本形成过程中的地位十分重要，发达国家科技创新主体主要都是通过风险投资以及发达的资本市场来获取发展所需的资金。政策性金融、直接金融以及间接金融都能推动资本形成。

（1）政策性金融支持科技创新的资本形成机制

政策性金融为科技创新提供支持的方式主要有为科技创新主体发放的贷款、政策性风险投资基金、科技担保以及科技保险等。政策性金融投入科技创新能够产生"汲水效应"，吸引更多的社会资金转移到科技创新上来，这些社会资金也包括商业性金融机构的资金。当科技创新主体发展到

---

① 阙方平，曾繁华. 中国科技金融创新与政策研究［M］. 北京：中国金融出版社，2015.

成熟期以后，其对政策性金融的依赖就会降低，这个时候政策性金融就应该逐渐退出；当科技创新主体发展已经十分成熟了，政策性金融持续投入就会对商业性金融投入产生"挤出效应"，从而不利于社会资源的优化配置。政策性金融支持科技创新的资本形成机制见图4.3。

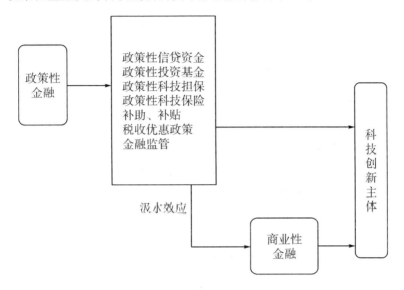

图4.3　政策性金融支持科技创新的资本形成机制

科技创新发展的每一个阶段都需要政策性金融的支持，科技创新主体发展初期需要依靠政策性金融投入来获得进一步的发展，当科技创新主体发展壮大之后，政策性金融就需要从金融监管以及宏观政策制定方面发挥作用。

（2）直接金融支持科技创新的资本形成机制

直接金融支持科技创新的资本形成机制主要依靠金融市场作用来实现，为科技创新提供支持的金融市场主要包括资本市场和风险资本市场。风险投资对于科技创新企业的作用路径是风险投资机构通过对科技创新主体提供的项目进行甄别、筛选，将资金投入有发展潜力的科技创新项目，并直接控股和参与项目的运营管理，在投资项目发展成熟并且经营状况良好的情况下，风险投资会退出项目，风险投资退出项目的理想方式是上市，具体过程见图4.4。

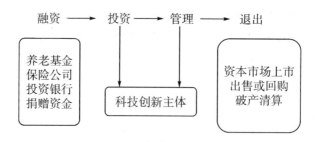

图 4.4　风险投资支持科技创新的作用机制

多层次的资本市场在支持科技创新的资本形成方面有着十分重要的作用，科技创新主体通过在公开市场上发行股票来募集资金。多层次的资本市场包括主板市场、二板市场、三板市场以及创业板市场等，不同类型的资本市场分别为不同类型的科技创新主体提供服务。

（3）间接金融支持科技创新的资本形成机制

间接金融是指科技创新主体通过金融中介融通获取发展所需的资金，金融中介在科技创新的资本形成机制中发挥着不可替代的作用，金融中介通过吸收存款形成储蓄，再将储蓄以发放生产性贷款的形式转化为生产性资本。对于科技创新主体而言，金融中介通过吸收存款形成储蓄，再将储蓄发放给科技创新主体，从而满足科技创新主体对资金的需求。商业性金融机构通过对科技创新主体的贷款资质进行审核评估，结合利润最大化的经营目标来决定是否为科技创新主体发放贷款，同时金融中介还通过开发新的金融产品和创新金融服务两种途径来促成科技创新的资本形成。

4.3　金融支持科技创新的风险管理机制

科技创新作为一种具有创造性的研发、生产活动，具有高风险、高投入的典型特征。科技创新高风险特征主要体现为科技创新过程和科技创新结果的不确定性。科技创新企业的营利性特征决定了企业的科技创新活动不同于一般意义上的科技研发活动。企业科技创新成功的标志是这项科技创新能够通过改进生产工艺、提高生产效率、降低生产成本或提高产品质量等方式使其最终生产的产品能够更好地获得市场认同。因此企业的科技创新过程是由技术的研发、产品的生产和市场推广等活动组成的序列循环操作，任何一个环节出现问题将导致后续的创新过程无法进行。而企业科技创新的结果不仅受到创新过程的制约，还会受到人力、物力、财力和政策等因素的影响，如果企业科技创新项目失败，面临的损失将是巨大的。科技创新活动的高风险集中体现在两个方面：一方面是科技创新活动本身所具有的不确定性，任何科研活动都有失败的风险；另一方面是高投入可能产生的不确定性，科技创新活动往往需要耗费大量的人、财、物，科技成果往往是众多稀缺资源的结晶，创新失败面临的资金损失也会十分巨大。

为了更清楚地反映科技创新企业在不同阶段所面临的风险问题，本书按照生命周期的不同阶段对科技创新企业的阶段性经营特征及面临的主要风险进行分析，见表4.1。

表4.1 科技创新企业阶段性的经营特征及面临的主要风险

科技创新 企业发展阶段	企业经营特征	科技创新面临的 主要风险
种子期	企业科技研发活动处于中后期阶段，技术尚未完全成熟，科技创新产品市场容量并不明确，企业没有经营性收入，财务尚处于亏损状态	技术风险、市场风险
初创期	科技创新产品开始进行生产并推向市场、企业生产性投入逐渐增加，资金压力较大，财务赤字规模较高	技术风险、市场风险、财务风险
成长期	技术相对成熟，科技创新产品陆续被市场所接受，科技创新产品具有一定的市场规模，企业生产性投入大幅增加，资金需求巨大	财务风险
扩张期	技术成熟，产品适应市场需求，企业生产投入规模持续扩张，大部分企业开始进入盈利状态	市场风险、管理风险
成熟期	生产产品性能相对稳定，技术已经成熟，企业开始全面盈利，市场规模相对稳定，企业管理能力较强	企业转型风险

金融对科技创新发挥风险管理的功能，主要体现在风险转移和风险分散效应。健全的金融体系能够将科技创新的风险在多个金融机构之间进行分担，从而达到降低风险的目的，尤其是科技担保、科技抵押以及科技保险的建立，有效降低了科技创新主体的风险。多元化的融资渠道不仅使得

科技创新资金来自多个金融机构，还使得更多的社会资金能够为科技创新主体所使用，从而降低了投资者面临的风险。科技创新的风险能够通过金融市场和金融中介来进行分散和转移，科技创新活动的投资者如果是一个人，那么创新失败的风险将由这一个投资者来承担；如果引入金融机构，比如银行，那么投资者的风险将由银行和投资者共同承担，银行的贷款资金来自社会公众。根据大数法则，银行在分散风险方面是具有优势的，因为它会对风险进行预判，并会安排一定数量的准备金，这就控制了风险的发生。除此之外，如果还有科技担保机构为科技创新主体提供担保，那么创新失败的风险又多了一个分担主体，因此金融中介机构的存在能够起到分散风险的作用。金融市场的风险分散作用机制是通过科技创新主体上市融资，其风险能够在更多的金融市场参与主体之间进行分担，很多学者都对资本市场的风险分散作用进行了研究，并且通过理论和实践证明金融市场能够分散风险，促进科技创新。科技创新过程中的信息不对称和资产高专用性会扩大风险，这也促使其投资主体对金融体制机制提出新的要求，而金融中介和金融市场具有流动性创造功能，通过金融中介和金融市场作用的发挥，投资主体的风险能够得以分散，从而有助于资本形成，达到促进科技创新的目的①。

4.4 金融支持科技创新的激励约束机制

企业科技创新过程往往涉及多个主体。现代企业制度下，所有权与经营权的分离可能导致信息不对称情况下的逆向选择和道德风险问题，这在科技创新过程中表现得更为突出。一方面，科技创新过程中涉及大量的资金投入，这为相关人员谋求自身利益提供了便利条件；另一方面，科技创新会运用到大量的专业技术和专有设备，在投资者对相关领域不甚了解的情况下，科技创新参与人员谋取私利成功的概率更高。充分地监督和激励相关人员的行为，降低企业科技创新过程中的委托代理成本，成为企业科技创新成功的重要条件。金融市场和金融中介的参与，能够更好地发挥各自的比较优势，对其所投资的项目进行更加有效的监督和激励，从而有效

---

① 邓平. 中国科技创新的金融支持研究 [D]. 武汉：武汉理工大学，2009.

地缓解企业创新过程中的委托代理问题。

　　Diamond（1984）通过建立数理模型进行分析后认为，各投资者进行单独监督产生的成本总和要远远高于银行监督所产生的代理成本与受托监督时产生的成本之和，因此在企业外部监督方面，相对于普通投资者，银行监督具有比较优势。因此在企业从事科技创新过程中，银行等金融中介部门通过与科技创新企业签订规范化的信贷合同来对其实施制度化的外部约束，更能够降低科技创新企业的委托代理成本。具体而言，在决定发放贷款前，银行等金融中介部门会对科技创新企业的信用情况及创新项目的盈利前景进行充分合理的评估；在发放贷款时要明确规定发放贷款的额度、还款方式、还款期限、利率税率、抵押担保方式以及违约责任等；发放贷款后，银行等金融中介机构要动态跟踪科技创新项目开展情况、企业经营状况及抵押担保物价值变化等，若发现相关问题及时采取相应措施，如停止授信、变卖抵押品、提前收回贷款等。科技创新企业应该按照事先约定的期限及还款方式，定期向银行或其他金融中介机构支付利息和本金，并及时披露相关信息，从而限制科技创新从业人员的不正当行为，降低科技创新企业的委托代理成本。

　　Holmstrom 和 Kaplan（2001）认为，金融市场的参与能够促进资金从传统行业流向高科技产业，从而有效地推动企业科技进步，而在这个过程中金融市场的监督激励机制也能有效解决企业的逆向选择和道德风险问题。首先，金融市场在满足科技创新主体融资需求的同时，也对科技创新活动起到了正面的激励作用。一般而言，具有广阔市场前景的科技创新项目能够迅速、不断地获得大量金融资本的支持；相反，没有发展前途的科技创新项目则很快会被资本市场抛弃，最终会因为资金匮乏而被淘汰。这种市场性的激励效应会促使大量科技创新企业不断进行科技创新，以保持其核心竞争力。其次，金融市场也会帮助科技创新企业完善股权结构，建立有利于激发科研工作者和企业家工作积极性和创造性的股权结构。借助金融市场的股权改革模式，科技创新企业可以通过建立新的薪酬体系，将股票期权、员工持股计划等股权激励方式引入管理者和科研工作者的薪酬体系以激发管理者和科研工作者的工作热情。为了实现金融市场的财富效应，管理者会加大科技创新企业对自主创新业务的支持和投入，充分挖掘高风险、高收益的科技创新项目，而科技从业人员也会通过提高科研从业效率，发挥新的创新潜能。最后，金融市场可通过公司治理结构对科技创新企业形成有效的外部监督。股东大会作为公司最高的权力机关，可以行使一系列的权利来维护股东的利益，科技创新企业的项目投资决策、人事任命等重大事项都需要经过股东大会的批准才会有效，从而对科技创新企业管理者形成直接的约束。同时上市型科技创新企业的广大股东可以通过行使股东权利对科技创新企业形成外部软约束。当众多中小投资者因不满科技创新企业管理层的管理政策或经营情况而选择直接抛售股票时，该公司的股价会大幅波动，从而降低其再融资能力。当上市公司的股价因经营管理不善或业绩不佳而下跌到一定程度时，外部接管人可能通过二级市场直接接管该公司，进而重新组建公司管理层，这将迫使现有管理层不得不努力工作，提高业绩水平。

4.5 金融支持科技创新的信息揭示机制

信息不对称问题是美国经济学阿克洛夫于 20 世纪 70 年代在研究二手车市场交易行为过程中提出的用于描述信息在经济个体之间不均匀、不对称的分布状态。后来，阿罗、格罗斯曼、斯蒂格利茨等经济学家从不同的角度对这一理论进行了拓展，形成了信息不对称理论。信息不对称问题广泛地存在于日常生活中，按照产生的阶段不同，其分别会产生逆向选择和道德风险问题。逆向选择是在经济交易达成之前，进行经济交易的一方已经拥有了另一方所不具备的某些信息，从而占据相对信息优势，而这些信息很不利于另一方的利益。因此占据信息优势的一方很可能利用自己所掌握的信息作出对自己更有利的决策，从而对交易的另一方产生不利影响，资源配置效率和经济效率也会因此而降低。解决逆向选择问题的相应措施主要包括执行更加严格信息披露制度、实施第二价格拍卖或最佳所得税制度等。道德风险是指在经济交易完成后，信息不对称所引发的问题：委托代理关系形成后，受托方利用其拥有的信息优势采取委托方无法观测或监督的隐蔽行动来增进自己的效应，从而侵占委托方的利益。解决道德风险最佳的途径是建立激励相容的委托代理关系，如股权激励、员工持股、效率工资、风险分担机制等。

我国科技创新企业在研发投入生产过程中，投资者与管理者、管理者与科技创新员工、外部利益相关者与企业之间广泛存在信息不对称问题。

①在项目投资过程中，外部投资机构一般依据事前评估和定期报告对科技创新企业进行综合评价和控制，个别科技创新企业可能为了达到相关目的，虚报相关数据，损害外部投资者利益。②在项目的管理上，科技人员自身非常清楚科技创新项目开发周期及项目进展情况，但由于缺乏专业领域知识，管理者对项目情况了解甚少，评价员工时往往过度依赖科技创新成果，而忽略科技创新过程。信息不对称导致科研人员在被动接受人员考评机制的情况下加快推进研究进度，最终可能导致科研成果并不完善，也不充分。③在科技创新成果转化过程中，科技创新成果是否成熟难以判断，科技创新产品也不一定能适应市场需求，某些科技创新企业为了获得市场认可，通过过度包装技术不太成熟的科研产品和成果来扩大市场销售额，最终的结果会给利益相关者带来更多的不利影响。科技创新企业的利益相关者见图4.5。

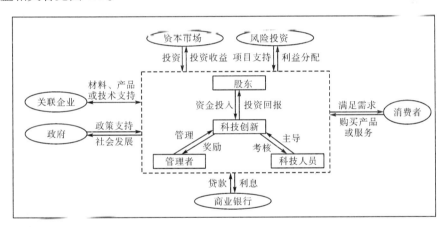

图 4.5 科技创新企业的利益相关者

信息作为现代市场经济条件下的重要生产要素，在资源配置过程中起着重要的作用，是市场经济条件下科技创新企业获得融资支持的重要条件。信息不对称是我国科技创新发展面临融资约束的重要原因，金融体系则可以利用自身在获取投资主体信息和实施外部监督的比较优势，大幅地降低信息获取成本并帮助投资主体做出有效的投资决策，从而促进科技创新活动转化为现实的金融投资收益。金融体系的信息揭示机制主要通过银行等金融中介机构和资本市场等来实现。一方面，银行等金融中介机构能够利用自身的信息优势，计算出科技创新项目的平均收益率水平；投资者可以利用银行所收集、计算得到的初步结论对投资方向做出决策；银行等金融中介机构通过这样的方式对金融市场资源进行配置，合理引导资金流向最具有发展潜力和市场运用前景的科技创新项目，从而提升了科技创新效率。同时银行等金融中介机构可以在贷款发放前、中、后三个阶段对相关信息进行加工处理，从而有效缓解信息不对称问题。另一方面，金融市场也可以通过反映资源供求的均衡价格水平来引导资金流向，从而有效解决信息不对称问题。在金融市场内，科技创新企业的股票价格由资金供求双方通过市场交易而产生，当金融市场规模足够大且科技创新企业股票流动良好时，股票价格的波动会充分反映科技创新企业的股权结构、经营情况和其他潜在市场信息。同样在市场供求机制的作用下，价格能够反映投资项目的内在价值，从而降低投资者收集、甄别信息的成本，提高投资的效率。如果金融市场是完全有效的，那么市场价格可以反映所有的信息，投资者便可以只关注科技创新企业的股票价格走势，从而节约收集其他信息的成本。

4.6　金融支持影响科技创新的理论模型构建

为了更好地说明金融支持科技创新的路径及过程，本书在一般生产函数的基础上引入金融发展变量。从前面章节的分析可以看出，金融发展一方面可以通过资源配置机制、风险管理机制、激励约束机制和信息揭示机制直接影响科技创新的发展，因此金融发展变量应该作为科技产出的要素投入变量直接引入生产函数；另一方面，金融发展可以通过资本形成机制影响科技生产活动的资本存量，通过资本生产要素对科技产出形成间接影响，因此也应该将金融发展变量通过资本存量间接引入模型。基于上述分析，本书建立的生产函数如下：

$$Y(t) = A(t)f(K(t, F(t)), L(t), F(t)) \tag{4-1}$$

其中，$Y(t)$ 为社会产出变量，$A(t)$ 为科技创新变量，$F(t)$ 为金融发展变量，$L(t)$ 为劳动投入变量，$K(t, F(t))$ 为资本投入变量。将公式（4-1）关于时间 t 进行求导：

$$\frac{dY}{dt} = \frac{dA}{dt} * f + A * (\frac{df}{dK} * (\frac{dK}{dt} + \frac{dK}{dF} * \frac{dF}{dt}) + \frac{df}{dL} * \frac{dL}{dt} + \frac{df}{dF} * \frac{dF}{dt})$$

$$= \frac{dA}{dt} * \frac{Y}{A} + \frac{Y}{f} * (\frac{df}{dK} * (\frac{dK}{dt} + \frac{dK}{dF} * \frac{dF}{dt}) + \frac{df}{dL} * \frac{dL}{dt} + \frac{df}{dF} * \frac{dF}{dt})$$

（4-2）

将上式两端同时除以 Y 后经过整理后得到

$$\frac{dY}{dt} * \frac{1}{Y} = \frac{dA}{dt} * \frac{1}{A} + \frac{1}{f} * (\frac{df}{dK} * (\frac{dK}{dt} + \frac{dK}{dF} * \frac{dF}{dt}) + \frac{df}{dL} * \frac{dL}{dt} + \frac{df}{dF} * \frac{dF}{dt})$$

（4-3）

$$Z_Y = Z_A + \frac{df}{dK} * \frac{K}{f} * Z_K + \frac{df}{dL} * \frac{L}{f} * Z_L + (\frac{df}{dK} * \frac{dK}{dF} + \frac{df}{dF}) \frac{F}{f} * Z_F$$

（4-4）

其中，$Z_Y = \frac{dY}{dt} * \frac{1}{Y}$，$Z_A = \frac{dA}{dt} * \frac{1}{A}$，$Z_K = \frac{dK}{dt} * \frac{1}{K}$，$Z_L = \frac{dL}{dt} * \frac{1}{L}$，$Z_F = \frac{dF}{dt} *$
$\frac{1}{F}$ 分别为社会产出、科技创新、资本投入水平、劳动投入水平和金融发展
的对数增长率。

将公式（4-4）的变量进行移项变动后，可得公式

$$Z_A = Z_Y - \frac{df}{dK} * \frac{K}{f} * Z_K - \frac{df}{dL} * \frac{L}{f} * Z_L - (\frac{df}{dK} * \frac{dK}{dF} + \frac{df}{dF}) \frac{F}{f} * Z_F$$

（4-5）

从公式（4-5）可以看出，金融发展一方面通过风险管理机制、激励
约束机制和信息揭示机制对科技创新产生直接影响，影响系数为 $-\frac{df}{dF} *$
$\frac{F}{f}$，另一方面，金融发展也会通过资本形成机制对科技创新产生间接影
响，影响系数为 $-\frac{df}{dK} * \frac{dK}{dF} * \frac{F}{f}$。而 $-\frac{df}{dF} * \frac{F}{f}$ 和 $-\frac{df}{dK} * \frac{dK}{dF} * \frac{F}{f}$ 的符号、
大小和变动趋势却并不明确，因此金融发展对科技创新的影响效果很可能
呈现非线性特征，其他学者的实证结果也证实了这一点。刘降斌和李艳梅
（2008）[①] 通过研究认为长江三角洲、珠江三角洲、内陆科技圈和东北老工

---

① 刘降斌，李艳梅. 区域科技型中小企业自主创新金融支持体系研究：基于面板数据单位根和协整的分析 [J]. 金融研究，2008（12）：193-206.

4 金融支持科技创新的作用机理 | 89

业基地四个科技区域的金融发展在长期内对科技创新具有显著作用，但在短期内支持效果存在较大的差距。俞立平（2013）[①] 研究发现政府科技投入贡献的弹性系数高于企业科技投入外的其他投入要素，而且中低科研产出水平地区政府科技投入的贡献度也显著高于高科研产出水平地区。张玉喜和赵丽丽（2015）[②] 运用静态和动态的面板数据模型对我国2004—2012年30个省（区、市）的面板数据进行分析后发现：短期内科技金融与科技创新之间呈显著正相关关系，长期内科技金融投入对科技创新的作用效果却并不明显。芦峰和韩尚荣（2015）[③] 对29个省份2003—2013年的面板数据进行分析后认为，不同区域、不同阶段，科技金融对科技创新有着不同的作用效果。具体而言，在技术创新阶段，科技型上市公司占比和风险投资对专利授权数有着促进作用，但政府投入经费对专利授权数有着抑制作用。在技术成果转化阶段，不同地区有不同的结果，大部分情况下，科技金融对科技创新没有显著的影响；而在高新技术产业化阶段，市场性科技金融对科技创新有着促进作用，而政府科技资金投入比对科技创新没有显著的影响。

从以上分析可以看出，虽然大部分学者的研究结果显示，金融发展对科技创新存在非线性的影响关系，但有关影响的力度、阶段性特征和地区差异等的研究结果却不尽相同。本书在对比分析各种非线性计量经济模型的优缺点后认为，门槛效应模型在分析经济问题中的拐点效应方面更具有优势，更适合用于分析我国金融发展对科技创新的影响作用。为了具体分析金融发展对科技创新影响的大小和差异，本书将一般生产函数具体为C-D生产函数。

$$Y(t) = A(t) * K(t, F(t))^{\alpha} * L(t)^{\beta} * F(t)^{\varphi} \qquad (4\text{-}6)$$

将式子（4-6）代入式子（4-5）后得到：

$$Z_A = Z_Y - \alpha * Z_K - \beta * Z_L - (\frac{\mathrm{d}f}{\mathrm{d}K} * \frac{\mathrm{d}K}{\mathrm{d}F} * \frac{F}{f} + \varphi) Z_F \qquad (4\text{-}7)$$

---

① 俞立平. 省际金融与科技创新互动关系的实证研究 [J]. 科学学与科学技术管理，2013（4）：88-97.

② 张玉喜，赵丽丽. 中国科技金融投入对科技创新的作用效果：基于静态和动态面板数据模型的实证研究 [J]. 科学学研究，2015（2）：177-184，214.

③ 芦峰，韩尚荣. 我国科技金融对科技创新的影响研究：基于面板模型的分析 [J]. 中国软科学，2015（6）：139-147.

其中，$\dfrac{df}{dK} * \dfrac{dK}{dF} * \dfrac{F}{f} + \varphi$ 反映了金融发展对科技创新的非线性影响程度。

　　研究金融与科技创新的相关性有一个隐含的前提——金融会对科技创新产生影响，相关性研究要解决的问题是金融投入对科技产出的影响方向是怎样，二者之间是线性关系还是非线性关系。通过文献综述可以发现，现有文献主要集中在研究金融支持科技创新的效率，对于金融支持与科技创新的具体关系，大部分文献定义得较为模糊，很少有专门的文献去探索我国金融影响科技创新的内在规律。在没有明确金融与科技创新关系的情况下去研究金融支持科技创新的效率必然导致结论有失精准。因此本书选择首先对金融与科技创新的关系进行实证分析，在探明我国金融影响科技创新内在规律的基础上，再对我国金融支持科技创新的效率进行客观评价。

　　上一章在对金融支持科技创新的机制进行全面分析后，通过构建理论模型运用数理推导的方式展现了金融支持科技创新的作用过程及可能的效果。从推导的结论来看，金融发展一方面通过资源配置机制、风险分散机制、激励约束机制和信息揭示机制直接影响科技创新的发展；另一方面，金融发展也会通过资本形成效应间接作用于科技生产活动的资本存量，从而间接影响科技创新的发展。两种影响方式的影响系数分别为 $-\dfrac{df}{dF} * \dfrac{F}{f}$

以及 $-\dfrac{df}{dK} * \dfrac{dK}{dF} * \dfrac{F}{f}$，而这两个系数的符号以及变化方向并不明确。通过科技创新金融支持体系建设实践来看，金融支持对科技创新会产生影响，但是金融投入的扩大并不一定能换取科技创新产出的增加，在部分地区，金融投入的增加反而会削减科技创新产出这一现象是确实存在的，结合我国科技创新金融支持供求分析，作者认为我国金融支持对科技创新的影响可能呈现具有拐点效应的非线性特征。

　　随着经济的不断深入发展，科技创新的金融支持实践证明，科技创新越来越离不开金融的支持作用。从某种意义上来讲，科技创新是由金融支持决定的，金融支持的缺乏会导致科技创新的资金匮乏，进而导致科技创新活动的失败。现阶段，在创新驱动发展战略实施的大环境下，我国金融改革持续深入，信贷资源配置更加优化，资本市场逐渐完善，探索我国金融影响科技创新的内在规律具有重要意义。我国幅员辽阔，不同行政区域在经济发展水平、金融发展水平、科技创新能力以及资源禀赋方面存在较大的差异，因此科技创新与金融支持之间的关系也不尽相同。这种差异不仅表现在科技创新的金融支持效率方面，还表现金融影响科技创新的内在规律方面：在一些省份或区域，金融支持的强化能够推动科技创新能力的提升，在另一些省份或区域，科技创新能力反而会随金融支持的增加而削弱，根据前文对科技创新金融支持内在机理的相关分析及我国金融支持科技创新发展实践，金融支持与科技创新能力之间存在非线性的关系，而这种非线性关系与经济发展水平、金融发展水平相关。

科技创新产出与金融投入的关系并不是金融投入越多，科技创新产出越多，科技创新产出也可能随着金融投入的增加而下降，科技创新与金融支持的关系与经济发展水平密切相关。经济发展水平较低的地区，科技创新能力随金融投入的增加而降低，在经济发展水平较高的地区，科技创新能力随金融投入的增加而提高。当经济发展达到一定水平后，科技创新金融支持会出现边际收益递减。当一个地区经济发展水平很低，为了提升科技创新能力，光依靠金融投入的增加是不够的，改善经济发展水平才是关键，只有经济发展水平改善到一定程度，金融投入的增加才能够对科技创新起到促进作用，科技创新周期较长，风险较高，资金需求量较大，因此对于经济发展水平较低的地区，在短期内应该将有限的金融资源投入经济发展的其他领域（如基础设施建设、生产资料的引进等）来改善经济发展基础。对于短期内可能出现的生产技术约束，应该更多地考虑通过外部引入的方式进行弥补，从长期来看，应该加强金融市场建设，着力提升金融资源存量水平。在经济发展水平相对较好的地区，金融资源相对丰富，经济发展基础相对较好，科技创新的金融支持系数显著为正，金融投入能够显著促进科技创新的发展，因此应该加大科技创新的金融投入力度；当经济发展水平发展达到一定阶段后，科技创新的金融支持会出现边际收益递减，此时在保持一定规模科技创新金融投入的基础上，更多的应该是改善金融支持科技创新发展的环境，完善科技创新金融支持的体制机制。

5 我国科技创新的金融支持效率评价

  第4章对科技创新与金融支持之间的关系进行了实证研究,得出了我国金融影响科技创新的内在规律,金融影响科技创新的方向和力度与经济发展水平密切相关,处于不同经济发展阶段的地区所需要的科技创新政策措施有所不同(具体见第4章结论)。本章是在探明我国金融影响科技创新内在规律的基础上,对我国现阶段金融支持科技创新效率进行客观评价。通过探究这些地区金融支持科技创新产生的差异及原因,对我国进一步提升科技创新能力提供更多的政策建议。这一章是在前文对科技创新金融支持供求分析的基础上,从微观的资源投入产出效率来衡量整个金融体系对科技创新的支持效率。在科技创新的金融支持供求分析部分,将我国的科技创新金融支持体系从宏观层面总结为资本市场、金融服务网络体系、金融监管体系以及金融法律体系。资本市场具体包括主板市场、二板市场以及创业板市场等;金融服务网络体系包括银行、保险机构、担保机构以及风险投资机构等。以此类推,科技创新的金融法律体系建设和金融监管也能够通过具体的法律、法规数量以及监管机构的设置等来进行衡量。从理论上来讲,科技创新金融支持体系的效率就是科技创新的金融支持体系所包含的各个因素对科技创新产生的作用效果,因此本章的效率评价思路是排除各个金融支持方式影响科技创新的干扰因素后,将科技创新的金融支持方式通过科技创新金融支持转化体系与科技创新产出相联系,从而测算科技创新金融支持的投入产出效率。

  我国科技创新金融支持体系的微观衡量指标见表5.1。

表 5.1　我国科技创新金融支持体系的微观衡量指标

我国科技创新的宏观金融支持体系	具体内容	微观衡量指标
资本市场	主板市场	科技创新主体通过主板市场融通的资金
	创业板市场	科技创新主体通过创业板市场融通的资金
	场外交易市场	科技创新主体通过创业板市场融通的资金
金融机构	政策性金融机构	科技贷款额和出台的各类有利于科技创新活动开展的优惠政策数量
	银行	科技贷款额
	风险投资机构	机构数量和风险资金总额
	民间金融机构	为科技创新主体提供的贷款金额
	其他金融服务机构	主要是科技保险额、科技担保额等
科技金融法律体系及监管体系	科技金融法律	科技金融法律数量和监管法律数量
	科技金融监管法律	
	监管部门设置	

5.1　模型构建与指标选取

　　本章是在前文门槛模型研究的基础之上，基于我国科技创新的金融支持渠道对科技创新发挥作用的效率进行评价，以得出现有的金融支持哪些是有效率的，同时得出效率较低的金融支持渠道的改进对策。考虑到科技创新的金融支持渠道发挥作用存在一定的滞后性和相关数据的可得性，本书选取北京、天津、河北、山西、辽宁、黑龙江、上海、江苏、浙江、福建、山东、安徽、湖北、湖南、广东、重庆、四川、云南、新疆等 27 个省

（区、市）2012—2021 年的面板数据进行研究，而江西、西藏 2 个省（区、市）的部分相关数据有缺失，并不在这一章的计算样本内。本书采用 DEA—Malmquist 方法，着重测度金融支持渠道对科技创新的支持效率，这一方法的优点在于不需要假设具体生产函数的形式，避免了函数形式错误而可能产生的计算偏差。为保证分析的结果更加科学准确，本书对于指标的选取更加谨慎，具体而言，是在前文深入探讨我国科技创新金融支持的供求分析的基础上，结合科技创新金融支持的内在机理，参考王仁祥（2017）、曾胜（2016）以及张明龙（2015）等学者的研究成果，确认了数据的真实性和可得性后所选取的。

5.1.1　DEA—Malmquist 方法介绍

数据包络分析（data envelopment analysis，DEA）是一种非参数的估计方法，可对投入产出的相对效率进行测度。Malmquist 指数最初由瑞典经济学家 Malmquist 于 1953 年在进行消费分析研究时提出，Caves 等 1982 年将这一指数用来测算生产效率的变化，随后 Fare 等将这一理论的一种非参数线性规划法与数据包络分析法结合，得出 Malmquist 生产率指数可分解为效率变化和技术变化两部分，并可将效率变化进一步分解为技术效率变化和规模效率变化的研究结果，同时这几个学者也认为技术变化可以做同样的分解分析，之后 Malmquist 指数被广泛应用[1]。

设向量 $A = (A_1, A_2, \cdots, A_t)$ 为投入向量，$B = (B_1, B_2, \cdots, B_t)$ 为产出向量，依照 Fare 的方法，将选取作为样本的 27 个省份的科技金融效率与前一期相比较，并对每个省份的科技金融效率变化进行测算，以 t 时期为初始值，直到 $t+1$ 时期，这个时候可以将 Malmquist 指数化为以下两个等式：

$$M_0^t(A_{t+1}, B_{t+1}, A_t, B_t) = D_0^t(A_{t+1}, B_{t+1})/D_0^t(A_t, B_t) \qquad (5-1)$$

$$M_0^{t+1}(A_{t+1}, B_{t+1}, A_t, B_t) = D_0^{t+1}(A_{t+1}, B_{t+1})/D_0^{t+1}(A_t, B_t) \qquad (5-2)$$

(A_t, B_t) 和 (A_{t+1}, B_{t+1}) 可以看作是选取样本在 t 和 $t+1$ 时期的投入产出向量，$D_t^0(A_{t+1}, B_{t+1})$ 和 $D_t^0(A_t, B_t)$ 表示在不同时期，即 t 和 $t+1$ 时决策

---

① 张明龙. 我国金融支持科技创新的效率评价：基于超效率 DEA 与 Malmquist 指数方法 [J]. 金融发展研究，2015（5），18-25.

单元与效率前沿面的距离[①]。Malmquist 指数是通过对不同时期生产点距离的几何平均值来计算的。因此，为了避免由于时期选择上的随意性可能出现的差异，Caves 等在 1982 年模仿 Fisher 理想指数的构造方法，将式（5-1）与式（5-2）的几何平均值作为衡量从 t 时期到 $t+1$ 时期全要素生产率（TFP）变化的 Malmquist 生产率指数[②]，即

$$M_0(A_{t+1}, B_{t+1}, A_t, B_t) = D_0^t(A_{t+1}, B_{t+1}) D_0^t(A_t, B_t) D_0^{t+1}(A_{t+1}, B_{t+1})/$$
$$D_0^{t+1}(A_t, B_t) D_0^{t+1}(A_{t+1}, B_{t+1}) D_0^{t+1}(A_t, B_t) \tag{5-3}$$

保持规模报酬不变，将上一公式做进一步分解，可以将 Malmquist 指数看作技术效率变化指数（*Effch*）与技术变化指数（即技术进步指数，*Tech*）的乘积，即

$$M_0(A_{t+1}, B_{t+1}A_t, B_t) = Effch \times Tech \tag{5-4}$$

在规模报酬可变的假设情况下，由于技术效率（*Effch*）可以进一步分解为纯技术效率（*Pech*）与规模效率（*Sech*）二者相乘，式（5-4）可以表示为纯技术效率变化指数（*Pech*）、规模效率变化指数（*Sech*）与技术变化指数（即技术进步指数，*Tech*）的乘积，如式（5-5）所示，即：

$$M_0(A_{t+1}, B_{t+1}A_t, B_t) = Effch \times Tech \times Pech = (Pech \times Sech) \times Tech \tag{5-5}$$

$$TFP = Effch \times Tech \times Pech = (Pech \times Sech) \times Tech \tag{5-6}$$

在式（5-6）中，TFP 是 Malmquist 生产率指数，这一指标大于 1 表示科技金融效率是上升的，小于 1 则表示科技金融效率下降，其他的指标也有不同的含义，通过比较分解指标可以得出影响科技金融效率变化的原因，这在文章实证部分将做进一步的详细说明。

使用 Malmquist 生产率指数模型进行实证分析，必须考虑到模型本身有一系列的前提假设，为了使分析结果贴合实际且更加准确，本书在测算科技创新金融支持效率时满足以下两个条件：一是被评价单元数目必须不少于投入与产出指标数量之和的两倍，以规避对效率值的高估；二是投入

---

① 张明龙. 我国金融支持科技创新的效率评价：基于超效率 DEA 与 Malmquist 指数方法 [J]. 金融发展研究, 2015 (5), 18-25.

② 曾硕勋, 胡红霞. 基于 DEA-malmqusit 指数的甘肃科技资源配置效率研究 [J]. 甘肃科技, 2014 (11)：42-45.

指标与产出指标之间必须具有较强的相关性①。

5.1.2　数据整理及说明

科技创新的金融支持涉及的指标必须真实反映科技创新程度和金融支持程度，本书在借鉴相关文献的基础上坚持建模指标选取所应遵循的科学性、可比性、实用性、数据可得性等原则，结合我国科技金融发展现状，选取了如下衡量金融支持渠道和科技产出的指标。

科技创新的金融支持渠道指标：文章前面部分已经分析了科技创新的金融支持渠道，包括直接金融支持程度、间接金融支持程度和政策性金融支持渠道。在我国直接金融支持渠道以创业机构数和风险投资管理资本总额作为衡量指标；我国由于金融市场不完善，目前仍是以银行为主导的间接金融体系，因此银行对科技创新活动的作用不可忽略，选取科技创新活动获取的银行贷款作为间接金融支持程度的衡量指标。2022 年为强化国家战略科技力量，推进关键核心技术攻关和自主创新，中国人民银行设立了科技创新再贷款，发放对象包括国家开发银行、政策性银行、国有商业银行、中国邮政储蓄银行、股份制商业银行等 21 家金融机构。在政策性金融支持渠道方面，这是衡量间接金融支持的重要指标，但是由于数据量有限，不足以为实证分析所用，本书在此处采用处理过的金融机构贷款数据。政策性金融各个地区的支持方式并不统一，大部分支持政策难以量化，因此本书没有测算政策性金融对科技创新的支持效率。综上所述，本书将科技创新银行贷款、创业风险机构数以及风险投资管理资本总额作为投入指标，根据上一节金融支持路径与科技创新程度的相关性分析，明确了科技创新银行贷款、创业风险机构数以及风险投资管理资本总额之间存在较强的相关性，因此选取以上指标对保证实证分析结果的准确性也具有重要作用。

科技创新产出指标：通过对历年科技金融实证研究文献的梳理，结合我国科技金融发展实际情况，并根据数据的可获得性原则，选取技术交易额作为衡量科技创新程度的产出指标。技术交易额是衡量金融支持科技创新程度的重要指标。

---

① 曾硕勋，胡红霞. 基于 DEA-malmqusit 指数的甘肃科技资源配置效率研究 [J]. 甘肃科技，2014 (11)：42-45.

文中研究数据为 2012—2021 年科技金融面板数据，时间跨度为 10 年，数据来自《中国金融统计年鉴》《风险投资年鉴》《中国高技术产业统计年鉴》《中国科技统计年鉴》以及 Wind 数据库，部分缺失数值采用 DMU 的均值数据。

5.2 计算结果分析

为了分析我国科技创新金融支持效率的动态变化趋势及原因，运用 Deap2.1 软件计算我国北京、天津、河北、山西、辽宁、内蒙古、黑龙江、吉林、河北、云南、贵州、陕西、上海、江苏、江西、浙江、福建、山东、安徽、湖北、湖南、广东、重庆、四川、宁夏、青海以及新疆 27 个省（区、市）2012—2021 年科技创新金融支持的 Malmquist 指数，结果如表 5.2 所示。在表 5.2 中，Malmquist 指数若大于 1，表示金融支持科技创新的投入产出的效率上升；若 Malmquist 指数小于 1，则表示金融支持科技创新的投入产出的效率降低。纯技术效率指数代表的是在科技金融规模经济不变的条件下金融支持程度对于科技产出能够起到的作用，当其大于 1 时，说明金融支持程度在科技产出中的作用提高；小于 1 时，说明金融支持程度在科技产出中的作用降低；等于 1 时则说明金融支持程度在科技产出中的作用无变化。规模效率指数表明科技金融达到规模经济的可能性，技术进步指数表示金融创新对科技产出的效率，这一指数大于 1 代表起到进步作用，小于 1 代表起到的退步作用，等于 1 代表无作用[①]。

表 5.2　我国 2012—2021 年科技创新金融支持的 Malmquist 指数

年份	技术效率变化指数	技术进步指数	纯技术效率变化指数	规模效率变化指数	全要素生产率指数
2012—2013	0.647	1.75	1.027	0.63	1.132
2013—2014	1.039	0.898	1.012	1.026	0.933
2014—2015	1.847	0.683	0.873	1.115	1.261
2015—2016	1.011	0.941	1.317	0.768	0.951

---

① 张明龙. 我国金融支持科技创新的效率评价：基于超效率 DEA 与 Malmquist 指数方法 [J]. 金融发展研究，2015（6）：18-25.

表5.2(续)

年份	技术效率变化指数	技术进步指数	纯技术效率变化指数	规模效率变化指数	全要素生产率指数
2016—2017	1.009	0.207	1.246	1.019	1.729
2017—2018	1.446	0.305	1.316	2.619	1.05
2018—2019	1.000	0.997	1.000	1.000	0.997
2019—2020	1.000	1.158	1.000	1.000	1.158
2020—2021	1.000	0.825	1.000	1.000	0.825
均值	1.129	0.846	1.099	1.272	1.105

从2012—2021年总体趋势来看（如图5.1所示），我国金融支持科技创新的全要素生产率整体趋势平稳，科技金融Malmquist指数平均变化率为1.105，上升了1.1%。将指标分解分析，在样本区间内，技术效率均值为1.129，纯技术效率均值为0.846，规模效率为1.272，从计算结果来看，推动我国科技创新金融支持效率在样本区间内增长是由于规模效率的变化。进一步分阶段分析，从2018—2019年和2020—2021年金融支持科技创新的平均效率值看，总体情况并不良好，仅分别为0.997和0.825，究其原因可能是受到疫情的影响，经济下行、金融资源有限、金融创新风险增大，市场投资主体对金融创新持更加审慎的态度。2019—2020年金融支持科技创新的平均效率有所提升，原因可能是疫情管控常态化，政府出台多项举措纾困经济。2016—2017年Malmquist指数达到这几年中的最大值，原因主要在于中央政府着力实施的创新宏观调控、以简政放权释放市场活力、以创新驱动和"双创"激发全社会创造力等一系列"组合拳"取得了显著成效。国际货币基金组织数据显示这一年我国经济增速全球第一，技术效率和纯技术效率均有所提高。2012—2013年，这一时期我国国民经济稳步运行，科技创新的金融支持效率明显提升；2013—2014年金融支持对科技创新产出效率略有下降；2014—2015年我国经济发展进入新常态，金融支持科技创新效率提升。排除疫情的影响，2012年以后科技金融Malmquist指数总体呈现上升态势，原因在于国家在政策层面提出了不断完善科技和金融结合机制，促进多渠道科技融资体系建设的要求，从客观上促进了科技创新金融支持机制的发展和完善。

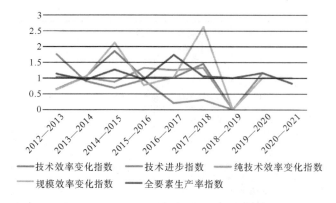

图 5.1　2012—2021 年我国科技创新金融
支持效率的 Malmquist 指数变动情况

根据上一章科技创新与金融支持关系的门槛效应分析，科技创新与金融支持之间并非呈现绝对的线性关系，受经济发展水平影响，二者之间呈非线性关系。经济基础较差地区进行科技创新的当务之急是提升经济发展水平，在一定经济发展水平之上的金融投入增加才会对科技创新产生推动作用，由表 5.3 可知，27 个样本省份的技术效率平均值为 1.512，纯技术效率平均值为 1.161，规模效率平均值为 1.28，技术进步效率平均值为 0.733。

表 5.3　我国 27 个省份全要素科技创新金融支持效率

省份	技术效率变化指数	技术进步指数	纯技术效率变化指数	规模效率变化指数	全要素生产率指数
辽宁	1.407	0.699	1.215	1.157	0.983
内蒙古	1.362	0.699	1.092	1.247	0.951
天津	1.285	0.595	1.120	1.148	0.765
北京	1.159	0.747	1.000	1.159	0.866
河北	1.649	0.739	1.188	1.388	1.219
黑龙江	1.404	0.693	1.124	1.249	0.973
吉林	1.626	0.671	1.142	1.424	1.091
浙江	1.635	0.604	1.289	1.269	0.987
上海	1.370	0.752	1.277	1.073	1.030

表5.3(续)

省份	技术效率 变化指数	技术进步 指数	纯技术效率 变化指数	规模效率 变化指数	全要素 生产率指数
江苏	1.455	0.755	1.332	1.092	1.099
福建	1.661	0.717	1.255	1.323	1.190
安徽	1.509	0.741	1.206	1.252	1.119
山东	1.592	0.752	1.334	1.194	1.198
江西	1.000	0.740	1.000	1.000	0.740
湖北	1.392	0.758	1.203	1.157	1.055
河南	1.682	0.754	1.241	1.355	1.269
青海	1.465	0.733	1.000	1.465	1.073
宁夏	1.846	0.734	1.020	1.688	1.388
新疆	1.895	0.733	1.123	1.052	1.010
云南	1.522	0.786	1.118	1.361	1.196
贵州	1.750	0.781	1.086	1.612	1.368
陕西	1.265	0.767	1.129	1.121	0.970
湖南	1.626	0.764	1.207	1.347	1.242
广东	1.280	0.780	1.164	1.100	0.998
广西	2.114	0.778	1.130	1.871	1.645
四川	1.460	0.765	1.196	1.220	1.117
重庆	1.421	0.766	1.145	1.241	1.089
均值	1.512	0.733	1.161	1.28	1.097

　　分省份来看，河北、吉林、上海、江苏、福建、安徽、山东、湖北、青海、河南、宁夏、新疆、云南、贵州、湖南、广西、四川、重庆的全要素生产率指数，也就是 Malmquist 指数大于1，表明这几个省份的金融支持投入与科技创新产出的效率是上升的；辽宁、内蒙古、天津、北京、浙江、江西、陕西、广东的 Malmquist 指数小于1，表明这几个省份的金融投入与科技创新产出效率是下降的。在选取的样本中大部分省份金融支持科技创新的效率值大于1，科技金融发展状况良好。通过分析也发现，北京、广东、浙江三个省的 Malmquist 指数小于1，金融支持科技创新效率下降，

这可能是由于这三个省科技创新的经济基础条件较好，科技金融基础较为雄厚，科技创新金融支持投入的不断增加对科技创新产出的支持出现边际收益递减趋势，因此这几个省不应该一味地扩大科技创新的金融投入力度，而应该在保持一定规模科技创新金融投入的基础上，改善金融支持科技创新发展的环境，完善科技创新金融支持的体制机制。从实证结果可以看出，四川的科技金融 Malmquist 指数值大于1，甚至超过了东部部分城市，这在一定程度上反映出四川作为西部重要省份，随着西部大开发战略的提出和政府对于科技创新的高度重视，不断加大科技创新金融支持投入，金融支持科技创新的作用效果逐渐凸显，科技创新的金融支持效率相对较高。

接下来对东部、中部和西部地区的 Malmquist 指数进行测算。表5.4列出了我国东部地区全要素科技创新的金融支持效率，东部地区的 Malmquist 指数大于1，说明东部地区金融支持科技创新的效率较高，这也与东部地区金融支持科技创新实践相吻合。

表5.4 我国东部地区全要素科技创新的金融支持效率

省份	技术效率 变化指数	技术进步 指数	纯技术效率 变化指数	规模效率 变化指数	全要素 生产率指数
北京	1.159	0.747	1.000	1.159	0.866
天津	1.285	0.595	1.120	1.148	0.765
浙江	1.635	0.604	1.289	1.269	0.987
上海	1.370	0.752	1.277	1.073	1.030
江苏	1.455	0.755	1.332	1.092	1.099
福建	1.661	0.717	1.255	1.323	1.190
辽宁	1.407	0.699	1.215	1.157	0.983
河北	1.649	0.739	1.188	1.388	1.219
山东	1.592	0.752	1.334	1.194	1.198
广东	1.280	0.780	1.164	1.100	0.998
均值	1.449	0.707	1.217	1.190	1.034

表5.5列出了中部地区金融支持科技创新的金融支持效率，从选取的样本数据来看，中部地区金融支持科技创新的 Malmquist 指数大于1，这主

要得益于中部地区近几年加大对科技创新的金融支持力度，不断完善优化金融支持科技创新的体制、机制，科技创新产出显著增加。

表5.5 我国中部地区全要素科技创新的金融支持效率

省份	技术效率变化指数	技术进步指数	纯技术效率变化指数	规模效率变化指数	全要素生产率指数
安徽	1.509	0.741	1.206	1.252	1.119
黑龙江	1.404	0.693	1.124	1.249	0.973
吉林	1.626	0.671	1.142	1.424	1.091
江西	1.000	0.740	1.000	1.000	0.740
湖北	1.392	0.758	1.203	1.157	1.055
河南	1.682	0.754	1.241	1.355	1.269
湖南	1.626	0.764	1.207	1.347	1.242
均值	1.463	0.731	1.160	1.255	1.069

最后对西部地区金融支持科技创新效率进行测算，测算结果见表5.6，西部地区科技创新金融支持的 Malmquist 指数为 1.180，大于 1，这说明西部地区科技创新金融支持效率提升，这与作者之前所做的 2008—2014 年数据分析结论相反，充分印证了进入新发展阶段，西部大开发和创新驱动发展战略持续深入实施，西部地区的金融支持效率明显提升。

表5.6 我国西部地区全要素科技创新的金融支持效率

省份	技术效率变化指数	技术进步指数	纯技术效率变化指数	规模效率变化指数	全要素生产率指数
内蒙古	1.362	0.699	1.092	1.247	0.951
青海	1.465	0.733	1.000	1.465	1.073
宁夏	1.846	0.734	1.020	1.688	1.388
新疆	1.895	0.733	1.123	1.052	1.010
云南	1.522	0.786	1.118	1.361	1.196
贵州	1.750	0.781	1.086	1.612	1.368
四川	1.460	0.765	1.196	1.220	1.117
重庆	1.421	0.766	1.145	1.241	1.089

表5.6(续)

省份	技术效率 变化指数	技术进步 指数	纯技术效率 变化指数	规模效率 变化指数	全要素 生产率指数
广西	2.114	0.778	1.130	1.871	1.645
陕西	1.265	0.767	1.129	1.121	0.970
均值	1.610	0.754	1.104	1.388	1.180

目前的金融支持供给能够对科技创新产出起到推动作用，我国在政策性金融、商业银行科技贷款以及小额贷款供给方面较为充足，这些金融投入也取得了良好的效果，有力地促进了科技创新活动的开展。我国在资本市场建设、风险投资以及金融法制建设方面供给不足，不能有效满足科技创新企业的需求，制约了我国科技创新能力的提升。我国幅员辽阔，各地区的科技创新金融支持效率参差不齐。一般而言，在经济发达、科技基础好的沿海地区，金融支持科技创新的效率较高，在金融供给力度较大的中西部省份，金融支持科技创新的效率也较高，部分沿海城市金融支持科技创新效率下降，原因在于这些地区的金融供给出现了边际收益递减现象，应该从完善作用机制着手，以免造成科技金融资源的浪费。

5.3 研究结论

自从我国确立创新驱动发展战略以来，各地区越来越重视科技创新对经济的强大驱动作用，科技创新活动的不同阶段对资金有着不同的需求，金融体系在支持科技创新方面的重要作用和地位愈发凸显，本章节在分析我国金融支持与科技创新关系的基础上，选取 27 个省（区、市）2012—2021 年的金融支持程度和科技产出数据运用 DEA-Malmquist 方法进行实证分析，得出了以下重要结论：通过 Malmquist 指数效率分析发现，科技创新金融支持机制的优化配置是提升科技创新效率的关键，通过对我国经济发展水平稳定的 27 个省（区、市）的面板数据进行分析，可以得出我国科技创新的金融支持效率是不断提升的这一结论。这也说明我国实施的创新驱动发展战略在一定时期内取得了明显的成效，近年来，大部分中部、西部省份加大科技创新的金融投入力度都取得了不错的效果，如四川、安徽等。东部地区经济较为发达，科技实力雄厚，金融支持科技创新出现了边际收益递减现象，因此近年来部分东部省（市）加大科技创新的金融支持力度并没有取得非常好的效果，比如北京和天津等。这些地方应该从完善金融支持科技创新机制入手，提升科技创新金融支持效率。西部地区重点城市的科技金融规模效应逐步凸显，在此阶段科技创新加大金融支持力度能够有效提升科技创新的产出。

6 我国科技创新金融支持存在的问题及成因分析

根据前文理论研究结果，结合我国科技创新金融支持体系建设现状，对照前文总结出的科技创新金融支持渠道，可以看出我国科技创新金融支持体系还存在许多问题。这些问题集中表现在资本市场不完善、风险投资不发达、科技金融服务网络体系不健全，以及科技金融监管体系尚未建立几个方面，下面将具体对这几个方面进行分析。

6.1 我国科技创新金融支持存在的问题

6.1.1 科技创新的金融支持体系不健全

（1）资本市场不完善

资本市场不完善导致资本市场服务科技创新的作用有限，我国资本市场建设不完善这一问题有目共睹，尤其针对科技创新主体而言。目前按照上市企业分行业总市值计算，科技创新主体上市比例非常低，如表 6.1 所示，科学研究与技术服务行业的总市值为 1 832.276 4 亿元，在所有行业中居于倒数第三。

表 6.1 上市企业分行业总市值　　　　　　　　单位：亿元

行业	总市值
租赁和商务服务业	6 767.410 2
综合	2 022.491 1
住宿和餐饮业	1 032.171 6
制造业	258 261.194 5

行业	总市值
信息传输、软件和信息技术服务业	26 718.140 5
文化、体育和娱乐业	7 205.769 4
卫生和社会工作	1 303.605 1
水利、环境和公共设施管理业	4 583.113 2
批发和零售业	18 909.281 4
农、林、牧、渔业	4 832.265 7
科学研究和技术服务业	1 832.276 4
金融业	138 467.616 9
教育	239.708 8
交通运输、仓储和邮政业	23 100.908 6
建筑业	21 031.449 9
房地产业	24 670.984 3
电力、热力、燃气及水生产和供应业	20 012.825 4
采矿业	40 214.340 1

数据来源：Wind 金融数据库。

从图 6.1 中的柱形图可以更加直观地看出，我国科技行业企业上市总市值在所有行业中的比重。

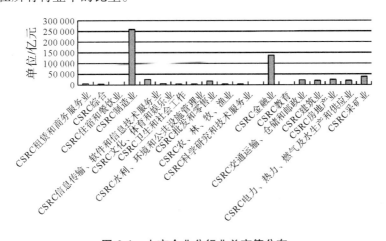

图 6.1　上市企业分行业总市值分布

理论分析结果表明科技创新活动的开展与资本市场完善程度存在相关关系。我国在建设资本市场方面还存在许多不足，首先表现在没有建立起多层次的资本市场，多层次的资本市场应该包括主板市场、二板市场、三板市场以及场外交易市场。我国目前拥有主板市场，即深交所和上交所，但是不存在真正意义上的二板市场、三板市场和场外交易市场。三板市场和场外交易市场对科技创新意义重大，然而在我国这两个层次的资本市场发展缓慢且不规范。虽然近几年，根据经济形势发展对科技创新的需要，国家基于扶持科技创新企业的目的，出台了很多有助于完善资本市场的政策措施，包括设立新三板和部分地方性场外交易市场，但是我国的新三板和场外交易场所与发达国家相比，在功能发挥上还存在很大的差距。在创业板、二板市场和新三板市场上市的企业虽然在逐年增加，但是数量有限。其次表现在现有的资本市场效率低下，这主要是由于退市制度不健全和尚未建立有效的补偿制度，并且我国资本市场的开放程度较低，受国家政策因素影响大，限制了资本市场在支持科技创新层面有效性的发挥。最后是资本市场缺乏法律法规，资本市场参与者的行为缺乏约束，直接影响了资本市场的融资效率。

资本市场的不完善一方面对科技企业上市融资设立了较高的门槛，加大了科技创新企业融资的难度。虽然一些财务情况良好、年均收入大幅增长的企业能够通过上市获取发展所需资金，但是更多的中小科技企业融资仍然十分困难。2014年我国出现科技企业的上市热潮，但是这种情况并没有延续。2016年我国科技企业上市低迷，资本市场建设不能满足广大中小科技创新企业的需要。上市融资门槛高会导致科技创新企业对银行贷款依赖性增强，商业银行风险偏好和科技创新活动特征不相容这一事实必然影响科技创新活动的融资效率，从而影响科技创新活动的开展。另一方面，我国资本市场缺乏有效的转板机制，提高了科技创新主体进入和退出资本市场成本，这会导致风险投资的退出机制得不到有效落实，对我国风险投资的发展产生直接的负面影响，而风险投资发展与科技创新活动具有重大的关联，科技创新企业的积极主动性得不到有效发挥，长此以往必将影响科技创新活动的开展。

（2）风险投资结构不合理

科技创新活动具有高投入和高风险的特征，这就决定了科技创新活动走普通的融资途径会存在相当大的难度，而风险投资的特征与科技创新活动的特点正好相符，国内外实践表明，风险投资企业对于满足科技创新企业在种子期、初创期和成长期的资金需求发挥了有效作用。我国风险投资方面存在的主要问题有主体结构不合理、资金来源结构不合理、风险投资环境恶劣这三个方面。

首先，主体结构不合理体现在风险投资主体单一且错位。我国风险投资目前最大的问题就是风险投资企业"公共性"与"企业性"的两难冲突。从风险投资设立的初衷来讲，无论是风险投资、私募股权投资还是天使投资都应该是市场行为，但是由于我国经济发展具有一定的计划色彩，国家财力集中，因此从我国风险投资的发展历程分析，我国风险投资企业最初设立都是以国有的形式，即便后期独立出来，国有化的特点依然十分明显，国有资产保值增值的目标与风险投资相背离，风险投资企业在项目选择上就会陷入两难的困境。图 6.2 是我国创业风险投资来源分布，从图中可以看出来自政府和国有企业的资金占比约为 35%，超过民营投资机构和其他主体。风险投资政府行政干预过多，必然降低风险投资支持科技创新的绩效。

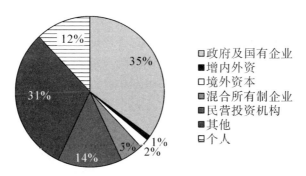

图 6.2　我国创业风险投资来源分布

其次是风险投资结构不合理。数据表明我国的风险投资来源中政府资金占了很大的比重，这就限制了私人投资风险投资行业的积极性和灵活性。在美国，风险投资主要是以私人投资为主，因此我国风险投资今后的发展重点应该是逐步降低政府公共投资比重。风险投资中私人部分占比越高，风险投资的活力越容易被激发，风险投资吸纳的民间闲散资金越多，越有助于科技创新活动的开展。若是政府投资占比过高可能会在创新项目选择中出现腐败和寻租行为，这既不利于刺激科技创新主体的积极性，同时也会降低风险投资的效率，造成公共损失。

最后是我国风险投资环境有待改善。风险投资起步较晚，这与我国资本市场发展滞后有莫大关联，我国资本市场不完善，尤其是我国创业板建设滞后导致风险投资缺乏有效的退出机制，这也阻碍了我国风险投资的发展。风险投资对高新技术产业的支持效率低下，收效不明显。由于我国风险投资尚处于发展初期，资金来源结构中除了企业自有资金，很大一部分来自政府部门，风险投资对于财政资金的依赖性很强，并且在科技创新事业起步阶段，风险投资企业往往会为了获得短期利益，在房地产繁荣的时候将风险资金投向房地产或其他容易实现收益的项目，这些因素都制约了风险投资对科技创新活动支持作用的有效发挥。

（3）科技金融机构体系不健全

政策性金融机构不健全。我国的三大政策银行是国家开发银行、中国进出口银行和中国农业发展银行，这三家银行在服务主体上各有侧重，对于科技创新的支持也各有侧重。在科技企业创立初期，因为存在收益的不可确定性，商业性的金融机构缺乏对科技创新的投资热情，这个时候便需要政策性金融机构的介入，通过对前文中我国科技创新金融支持现状的研究和梳理，可以看出政策性金融机构体系不健全主要表现在以下两个方面：第一，虽然近年来政策性银行发放的科技贷款数量逐步增长，但还是不能满足科技企业发展的需要，科技贷款的比重明显偏低。在三大政策性银行的年度发展报告中，对于发放的科技贷款并没有做专门的说明，部分年度的发展报告仅仅是对中小企业贷款数据做了分析，不涉及科技贷款的发放，这一方面说明科技贷款比重偏低，另一方面也说明政策性银行对为科技提供金融支持的重视程度不够。第二，政策性金融机构对科技创新的支持效率有待提高。目前我国政策性金融机构发放的科技贷款金额逐年提升，也出台了许多科技扶持政策，但是科技产出成效不明显，究其原因，一是缺乏专业性，三大政策性银行虽然在发放科技贷款方面各有侧重，但是由于缺乏专业性，极易出现功能缺位和业务界限模糊，同时也会与商业银行在提供科技创新的金融支持方面出现业务上的竞争，导致科技企业真正需要的金融支持得不到满足；二是政策性银行在科技贷款发放对象的选择上缺乏科学的衡量标准，在科技贷款发放中可能存在寻租和腐败现象，一些资质较差的企业可能会比优质企业率先获得政策性资金的支持；三是政策性金融机构没有建立起对科技贷款使用监督的长效机制，部分科技企业在获取科技贷款之后由于缺乏有效监督而自发改变政策性资金的用途，导致政策性资金的投入偏离预期目标；四是政策性资金补偿机制缺乏，政策性金融的主要来源是各级政府的财政收入，不仅数量偏小，而且一般是一次性划拨的模式，对于科技创新企业缺乏长期持续的风险补偿投入，政策性金融支持程度不是以盈利为目的，因此对科技创新企业的资金投入存在很大的风险，如果没有建立稳定的政策资金补偿机制，那么必然导致财政负担加重，在部分经济欠发达地区，由于财政资金不足，政策性金融难以发挥对科技创新的支持引导作用，贫困地区科技发展不起来必然进一步制约经济增长，这样形成恶性循环，最终会使我国经济发展不平衡的情况加剧。

商业银行对科技贷款的重视程度不够。商业银行是以盈利为目的的市场主体，其经营的目标是在把控风险的前提下获取经营利润的最大化。科技创新活动具有高风险的特征，这与商业银行的风险偏好不相容，并且科技创新成果转化为经济效益具有一定的时滞性，贷款时间越长，银行贷款收益的不确定性就越大，这也会降低商业银行对科技创新活动的投资热情。由于科技贷款产生的社会经济效益并不是直接作用于商业银行，商业银行也不会关注科技贷款会产生多大的正外部效应，因此我国商业银行对于科技贷款发放普遍重视度偏低，主要表现在：第一，商业银行经营理念有待转变，从风险和收益的角度看，商业银行总是追求以较低的风险成本换取较高的收益，因此在贷款发放对象的选择中，商业银行更倾向于将国有大中型企业作为目标客户发放贷款。因为向国有大中型企业提供贷款一方面由于贷出的资金总量大，利息回报丰厚，另一方面，国有企业由国家财政担保，财务机制健全，违约风险较小，而科技创新企业大部分规模小，且经营的不确定性大，一旦发生损失，所有风险成本将由银行承担，因此商业银行往往不愿意为科技型中小企业提供贷款。中国人民银行南京分行的一份调研报告表明，我国科技贷款市场供需严重失衡，75%的银行愿意为成长期的科技创新主体提供资金，但是只有不到40%的银行愿意为初创期的科技创新主体提供资金。2013年，中国科技类企业固定资产投资总额超过15 557亿元，而同年商业银行科技类贷款不足8 000亿元[1]，商业银行资金供给远不能满足科技企业发展需要。第二，科技创新企业向商业银行贷款难度大，由于科技创新企业抵押物的缺乏和我国抵押担保体系

---

① 卢珊. 金融机构对科技创新的引导与支持研究 [D]. 哈尔滨：哈尔滨理工大学，2015.

不健全，商业银行为了保证自身资产的安全性，对科技企业贷款审批设立了较高的门槛，科技企业在商业银行获取贷款的难度较大。虽然部分商业银行设立了小微贷中心，专门开展中小微企业的信贷业务，对于科技创新企业在抵押物规定方面也做了创新，但是这些措施在很大程度上都是对政府政策的一种应付，并不是商业银行出于盈利需求而自发采取的行为，这些措施在实际执行过程中往往大打折扣，与预期目标相去甚远。第三，科技支行数量偏少，现存科技支行独立性较差，随着经济发展，政府越来越重视科技作为第一生产力的作用，因此也出台了许多要求商业银行加大对科技创新企业扶持力度的政策措施。在这样的大背景下，基于关系型借贷理论，许多商业银行加大对科技型中小企业的信贷支持力度，并在有条件的地区设立了科技支行，专门从事科技金融服务业务，科技支行也被称为科技信贷专营机构，是金融创新的产物，具有专门的业务范围、专门的监管政策、专门的绩效评估和专门的扶持政策①。然而从我国设立的科技支行情况看，科技支行没有独立的法人地位，在业务范围、产品创新和风险承担方面受商业银行总行的影响较大，总行的风险偏好会阻碍科技支行科技金融产品创新的发展。

科技保险发展滞后。我国从 2007 年开始科技保险试点，虽然经过 10 多年的发展，科技保险在试点范围、险种以及保费方面取得了较大进展，尤其是宁波、上海等城市推出的科技型中小企业小额贷款保证保险在一定程度上缓解了中小科技企业融资难的问题，但是总体而言，科技保险与创新程度较高的国家相比还存在很大差距，科技保险发展滞后表现在：第一，保险公司的科技保险供给不足，与科技创新需求之间存在较大缺口。科技创新活动本身就是高风险的活动，企业在种子期、初创期、成长期和成熟期等各个阶段都存在技术、经营、市场等各个方面的风险，对于保险险种存在多样化的需求。虽然我国保险市场上已经开发出高管人员和高级研发人员团体健康险、意外险等 20 多个险种②，但是由于我国保险体系整体发展滞后，保险公司缺乏掌握科技创新企业风险赔付的有效手段，加之科技企业风险发生频率较高，赔付额度大，同时开发新的科技保险险种需要耗费大量的人力、财力、物力，因此保险公司在科技保险新险种的开发

---

① 朱鸿明，赵昌文. 科技支行与科技小贷公司，谁是最优的"科技银行"中国化模式 [J]. 中国软科学，2011（12）：76-84.

② 吴应宁. 科技保险的现状、问题及对策 [J]. 金融发展研究，2010（11）：62-66.

方面欠缺动力，并且现有的科技保险险种当中涉及高风险的险种较少，这与科技创新的需求不相匹配。第二，科技创新企业科技保险意识淡薄，投保积极性不高。科技保险与其他保险相比，保费较高，科技企业是高投入的企业，在企业生命周期的各个阶段对于资金的需求都较大，因此对于科技创新企业尤其是新成立的科技企业，在科技成果还未转化成经济效益之前都倾向于将资金用于技术研发，加上我国科技保险发展的外部环境不成熟，以及科技保险险种缺乏针对性等原因，科技创新企业投保的积极性普遍不高。第三，银行、保险、政府没有形成合力，影响科技保险的实施效果。科技保险产品较之一般保险产品复杂，这主要体现在投保风险的复杂、科技保险险种设计的复杂以及科技保险保费费率设计的复杂等。保险产品的复杂决定了其运行机制的复杂，科技保险机制的有效运行需要银行、政府和保险公司相互合作、共同推动，但是由于这三类机构合作的欠缺，科技保险在实际运行过程中的效率大打折扣，保险设计机制的创新程度不够。第四，政府对科技保险的支持力度有待加强。科技保险不仅可以有效降低创新企业风险，提升科技创新主体的积极性，而且科技保险发展能够带来社会整体福利的提升，具有明显的外部性，这就决定了科技保险不能单纯依靠商业运作模式，而是需要政府参与。我国科技保险主要是靠政府力量来推动，政府的推动作用主要体现在对保费进行补贴和采取措施鼓励保险中介机构设立两个方面，由于政府在推动科技保险的过程中重视引导作用却忽视了科技保险商业化运作的需求，导致科技保险发展与政府出台政策预期不相符，并且我国目前还没有建立专门的科技保险中介机构，科技保险只是商业保险下属的一个分类，由于科技保险的高赔付率和赔付高频率，政府对科技保险提供财政补贴是当下应该采取的必要举措。虽然政府对于科技保险的推动有着直接快速的特点，但是政府对于科技保险的干预应该限制在一定范围内，因为保险本身就是一种市场行为，若是政府过多参与其中反而会适得其反，所以政府对科技保险的引导作用应主要在宏观层面实施。

科技担保体系不健全。科技担保体系的健全程度直接决定着科技创新企业向银行融资的难易程度，融资担保可以分为人的担保和物的担保，担保方式有保证、抵押、质押等①，我国为缓解中小企业融资难问题，在担

---

① 王斌，王健. 科技型小微企业融资担保可行渠道，企业入股型担保公司 [J]. 科技进步与对策，2013，30 (18)：128-131.

保抵押物和质押物方面进行了创新，允许将知识产权、专利等无形资产作为抵押、质押物，同时也对担保模式进行了创新，现存的有政策性担保模式、互助式担保模式、商业担保模式和联合担保模式。然而这种创新并不能从根本上解决科技企业向银行贷款难的问题，我国科技担保体系不健全主要体现在以下几个方面：一是担保机构自身管理运行机制不规范，不能有效缓解科技企业融资难的问题。科技企业多数为新兴企业，担保机构缺乏评价科技企业经营状况的机制，二者之间存在严重的信息不对称，担保机构难以有效对科技企业的经营情况进行评估，也就无法向银行提供有效信息，银行作为风险厌恶的市场主体，对于担保公司的风险控制能力也持谨慎的态度，就我国现存的这几种担保模式而言，科技企业通过担保公司向银行融资的难度依然很大。二是科技企业、担保公司和银行三者之间的合作没有遵循风险共担的原则。在金融市场上，虽然担保体系的作用就是为了实现风险的分散和分担，但是我国银行的重点目标客户是国有大中型企业，对于为科技企业提供融资的积极性本身就不高，在向科技企业提供贷款时，会将所有的风险转移给担保机构，而担保机构为了降低自己的风险，便会采取措施对科技企业进行更为严格的审查，最终风险还是由科技企业承担①，这对于提高科技创新主体积极性是不利的。三是科技担保对于政府政策的依赖性较强。由于我国创新环境不成熟，因此政府在推动科技创新方面扮演了主要角色，并创立了多种类型的科技企业担保模式，以扶持科技创新企业的发展，同时政府为担保公司提供科技担保还出台了多项优惠措施，这些优惠措施在短期内可以发挥一定的作用，但是从长远看，这些措施并不一定能对担保公司开展科技担保业务产生内在的激励效果。政府应当引导担保机构和银行更多地关注科技企业未来的发展前景和巨大收益，建立起担保机构和商业银行为科技创新提供金融服务的内在激励机制。

民间金融机构发展不规范。民间金融机构是民间金融中介组织，在我国，与科技创新企业联系较为紧密的是科技小额贷款公司，这种公司审批程序简单，能够以较低成本掌握科技企业的财务状况和经营情况，能够为科技企业，尤其是初创期的科技企业提供快捷的金融服务，并且科技企业在成立之初，一般规模较小，其融资需求正好与科技小额贷款的资金供给

---

① 游春，胡才龙. 关于对完善我国科技中小企业融资担保体系的思考 [J]. 经营管理，2011（12）：34-37.

相匹配。目前我国科技小额贷款公司主要是由政府出资设立，在发展过程中也暴露出了一系列的问题。一是科技小额贷款公司缺乏持续有效的资金来源，资金富集程度不高，科技小额贷款公司不能像商业银行一样吸收社会存款，其资金来源主要是注册资本金、向不超过两个银行业金融机构的借款、股东借款以及科技小额贷款公司之间的拆借①。现阶段，科技小额贷款公司作为社会主义市场经济的新生事物，在目前发展阶段吸纳资金的能力有限，能够提供给科技创新活动的资金也十分有限。二是缺乏科技小额贷款公司持续发展的长效机制。我国现存的大部分科技小额贷款公司都是由地方性的国有创投机构下属设立的，因此企业若受到科技贷款风险影响，也会由政府来出资补贴，这种措施有助于提高科技小额贷款公司发放科技贷款的积极性，但却容易让科技小额贷款公司忽视项目风险，对科技企业盲目发放贷款，同时也极易诱发科技贷款发放中的寻租行为，最终不利于科技小额贷款公司素质的提升和持续健康发展。三是我国科技小额贷款公司缺乏活力，小额贷款公司作为民间金融机构的一种组织形式，应该由民间自发成立，我国的科技小额贷款公司缺乏成长有利的外部条件，在未来发展前景尚不明晰的情况下，民间难以自发成立这种机构来为科技创新服务。与美国、日本现存的为科技创新提供服务的民间金融机构不同，我国的小额贷款公司受政府的影响较大，发展不规范，管理过于僵硬，活力难以有效发挥。

互联网金融机构发展不规范。互联网金融作为科技创新和金融创新的产物，对其进行研究对完善未来的科技创新金融支持具有重大的意义。相较于向银行或其他金融机构融资，通过互联网平台融资具有更快捷、更灵活、更低成本和更民主的优势，互联网金融能够缓解科技创新主体通过间接融资体系进行融资的困境，其特征与科技企业的融资特点相符，通过互联网融资应该是将来科技企业的发展趋势。互联网作为一种新生事物，是市场经济和科技深入发展的产物，由于其在我国出现的时间不长，政府相关部门尚未建立起有效的监管机制，互联网金融发展的规范性问题亟待解决。首先，尚未建立有效的互联网金融风险控制机制，互联网金融本身存在较高的风险，比如信息技术风险、客户信息安全风险以及资产风险等，加之互联网金融系统性风险极高，存在较大的非法集资风险，我国信息基

---

① 朱鸿鸣，赵昌文.科技支行与科技小贷公司，谁是最优的"科技银行"中国化模式［J］.中国软科学，2011（12）：76-83.

础设施建设薄弱，缺乏相关专业技术人员，理论界对于互联网金融尚未展开深入细致的研究，因此无法建立有效的互联网金融风险控制机制，在监管不当的情况下极易出现互联网金融秩序混乱，从而给整体经济带来负面影响。其次，网贷公司发展良莠不齐。网络贷款公司和网贷平台在发展过程中容易出现道德风险，近几年，我国已经发生了多起基于互联网金融平台的"非法集资"和"携款潜逃"事件，给互联网信贷的声誉带来极坏影响。最后，互联网金融的不规范发展会对我国传统银行业务造成冲击，这一方面可以促使银行不断提升服务质量，进行金融业务和金融产品创新；另一方面也通过货币乘数效应对我国实施的货币政策效果产生负面影响，从而影响我国宏观经济调控政策的有效实施。

通过前文对我国科技创新需要的金融支持体系的分析，可以看出我国科技创新金融支持体系存在的问题主要体现在以下三个方面：一是资本市场不完善，现有的主板市场、二板市场、创业板市场和场外交易市场对于科技创新活动的支持作用有限；二是金融服务网络体系不健全，缺乏一些重要的金融中介服务机构，现存的金融中介机构不愿意为科技创新主体提供金融服务；三是金融机构基于自身盈利和对风险的偏好，为科技创新提供金融支持的意愿不强，具体见表 6.2。

表 6.2　我国科技创新金融支持体系建设现状

科技创新金融支持体系		我国科技创新金融支持体系
多层次的金融市场体系	主板市场	科技创新企业难以在主板市场上市
	二板市场	科技创新企业难以通过二板市场有效融资
	创业板市场	作用并未有效发挥
	场外交易市场	尚不完善
	债券市场	科技企业融资困难

表6.2(续)

科技创新金融支持体系			我国科技创新 金融支持体系
健全的金融 服务网络体系	金融机构 体系	政策性金融机构	提供的资金有限，效率有 待提升
		商业银行	一般不愿意为科技创新企 业提供资金和金融服务
		风险投资机构	数量有限，资金来源结构 有待优化
		民间金融机构	缺乏规范管理，不愿意为 科技创新企业提供融资 途径
	信用担保和评 价体系	信用担保机构	担保机构不愿意为科技创 新主体担保
		信用评级机构	缺乏
		科技保险	发展滞后
	其他金融中介 服务机构	各种咨询机构以及相 关事务所	缺乏

6.1.2　金融支持科技创新存在资源错配

第5章我国金融对科技创新的影响分析运用门槛模型对我国金融支持与科技创新之间的关系进行分析，得出结论：我国科技创新产出与金融投入之间呈非线性关系，即在经济发展水平较低的地区，科技创新产出与金融投入之间呈负相关关系，在经济发展水平良好的地区科技创新产出与金融投入之间呈正相关关系，金融投入增加能够带来科技创新产出的提升。

在我国科技创新的金融支持实践中存在一类地区，这类地区经济发展水平较低，政府为了支持其科技创新的发展，为其制定了一些有助于科技创新发展的金融投入政策，并鼓励商业银行等金融机构为其提供贷款支持，有的地区还引入了科技保险机构和风险投资机构，但是这些金融投入并未造成科技创新产出的增加，究其原因是经济发展水平差异，一些地区单纯依靠金融能够支持科技创新这样简单直观的理论来指导政策制定，在经济发展水平较低的地区以扩大金融投入的方式来促进科技创新，导致金融资源的错配和浪费，进一步制约了本地区经济发展水平的提高，科技创新产出反而会减少。

理论和实践都表明在部分经济发展水平较低的地区，盲目将金融资源投入到科技创新活动之中可能会造成金融资源的错配和浪费，这种现象产生的原因可以用古典经济学理论中的索罗模型进行解释，当一个地区的经济发展水平较低，依靠资本和人力的投入就能够推动经济增长，技术创新最终是为发展实体经济服务的，因此对经济发展水平较低的地区盲目加大科技创新的金融支持力度必然会导致金融资源的浪费。科技创新作为第一生产力，能够极大地发挥对经济增长的推动作用，在经济发展水平较低的地区仍然存在科技创新的需求，建议对这些地区采用引入和吸收外地科技创新成果的方式来推动本地区的科技创新。

经济发展水平较高的地区也会存在科技创新的金融支持资源错配的现象，根据前文分析，对经济发展水平较高的地区加大金融支持力度，能够促进科技创新的发展，但是随着金融投入的增加会出现边际收益递减的现象。对于这类地区，在增加金融投入的同时还需要完善科技创新金融支持的外部环境。

6.1.3 科技创新的金融支持效率区域差异较大

本节所要分析的区域差异并不是说东部城市的科技创新金融支持效率就一定高于西部城市，通过第 5 章对我国科技创新金融支持效率的分析，发现我国东、中、西部地区的效率参差不齐，西部地区部分省份的全要素生产率变化指数大于 1，而东部一些核心城市的全要素生产率变化指数反而小于 1。我国幅员辽阔，各类资源地区分配不均，由于各地区经济发展水平和资源禀赋存在差异，因此在金融体系建设和科技创新水平发展方面也参差不齐，我国科技创新的金融支持存在差异主要表现在两个方面，一方面是科技创新金融支持体系建设存在区域差异，另一方面是科技创新金融支持效率存在区域差异。科技创新金融支持体系建设的区域差异主要是指东、中、西部地区的科技创新金融支持体系建设不在同一水平上。东部地区不论是金融市场体系、金融服务网络体系、金融监管体系还是金融法律体系都领先于中、西部地区，尤其是在金融市场建设方面，东部沿海省（市）像上海、广东、江苏等地资本市场相对较为活跃，风险投资发展也较为迅速，拿西部地区风险投资发展较快的四川与其相比，差距也十分明显。由于东部沿海地区各省份的开放程度更高，教育资源相对集中，因此在科技创新和金融支持体系建设方面都具有内陆城市无法比拟的优势。在金融服务网络体系建设方面，东部地区拥有银行、科技保险机构、信用担保机构和民间金融机构等，西部地区的科技保险机构以及信用担保机构发展还相对滞后。

第5章实证分析结果也表明，并不是东部城市科技创新的金融支持效率就一定高，东部部分城市由于经济基础与科技创新环境优越，金融投入在量上已经能够满足科技创新的需要，当投入达到一定的水平时可能会出现边际收益递减的现象，因此金融投入仅从量的增加方面看，已经无法满足科技创新发展的需要，而是需要从完善整个科技创新的金融支持机制着手来提升科技创新的金融支持效率。

6.1.4 科技金融监管体系尚不完善

法律体系不完善。根据不完全统计，截至2022年年底，我国共出台了304部金融法律法规及规章，其中法律22部，行政法规及部门规章合计282部，虽然各地区就为科技创新提供金融支持出台了许多重要政策措施，但是政府还尚未出台科技金融相关法律，并没有真正从法律高度进行明确。法律是最具权威和稳定性的制度形式，法律一旦确定，所有金融市场参与主体都要遵守。我国科技创新的外部环境建设滞后，法律缺失就是其中一项重要内容，虽然各地出台的政策措施对于金融为科技创新服务有引导和鼓励的作用，但是这些政策措施不具有强制性，金融机构可以遵循，也可以不遵循，科技创新的金融支持由于缺乏外部强有力的约束，在实际操作过程中随意性较大。法律缺失还表现在监管法律体系不完善、法律法规和部门规章之间缺乏协调性，在实施方面偶有冲突矛盾，造成金融监管效率低下，政府进行金融监管必须在法律规定的制度框架内进行，科技金融法律法规是科技金融监管的依据，法律缺失也导致监管效率低下。

科技创新的金融监管效率低下。科技创新活动本身具有高风险的特征，需要政府相关部门对其进行监管，但是由于我国监管法律缺失，监管没有依据可循，监管当中存在较大的随意性，并且监管部门定位不明确，中国人民银行、银保监会和证监会责任界定不清，无法可依等因素削弱了监管效果。与科技创新融资密切相关的互联网金融监管方面，我国监管体系更显现出滞后性，这种滞后性表现在以下三个方面：

监管主体不明。我国金融监管机构有中国人民银行、银保监会、证监会，但是监管部门之间的协调机制仅处于原则性框架层面，在实际监管权限的实施过程中，几个机构容易出现对同一件事无人监管或者过度监管的情况，科技创新主体在初创期是较为脆弱的，若是无人监管便可能因自行发展导致风险加剧，若是监管机构过多、过乱，势必加剧科技企业负担，削弱科技创新主体的积极性。

监管人才缺乏。互联网金融、风险投资都是与科技创新关系较为紧密的金融形式，但是我国目前仅出台了一些规范风投行业、互联网金融的政策、规章，立法层级较低导致监管缺乏权威性，并且与科技创新相关的融资方式都具备较强的专业性，尤其是随着信息技术不断深入发展，金融市场上许多交易都需要通过计算机和互联网进行，这也对监管人员的素质提出了新的要求。由于监管法律依据的缺失，监管人员在金融监管过程中可能会出现人为放松监管或者过度监管，这些行为会极大降低监管权威性，影响科技创新活动的开展，就我国目前监管机构的人员配备来看，大部分监管人员的专业素质和职业道德还有待提高。

监管方式亟待改进。我国目前实施的是以分业监管为主的监管模式，理论界已经在监管模式需要改进上达成了共识，即认为分业监管模式已经不能满足现阶段我国金融业的发展需要，需要变分业监管为混业监管。我国金融行业经营模式和监管模式不相容主要体现在以下三个方面：第一，交叉业务审批涉及部门不明晰，程序繁琐；第二，目前监管模式没有确立混业经营的日常实施监管的主要监管者与辅助监管者的身份；第三，金融机构进行混业经营的动力在于控制风险和争夺利润，金融行业为了服务于科技创新，也会不断地对自身产品和服务进行创新，一些金融衍生品产生的杠杆效应会扩大金融风险，因此需要各层级金融监管机构创新监管方式，相互配合，共同构建监测、识别、计量和控制金融风险的管理体系[1]。

6.2 问题成因分析

6.2.1 基于宏观层面的分析

（1）资源禀赋差异

我国各个区域的资源禀赋存在差异，东部地区资本、劳动力以及自然

---

① 盛学军. 全球化背景下的金融监管法律问题研究 ［M］. 北京：法律出版社，2008.

资源充足，对外开放程度高，经济基础好，科技教育资源充实，科技创新能力较强，科技创新能反作用于金融，并和金融一起支持经济发展。中、西部地区在资源禀赋方面存在较大差异，对外开放程度不高，科技教育资源匮乏，经济基础也较为薄弱。2022 年全年东部地区 GDP 为 62.2 万亿元，占全国 GDP 的比重为 52%；中部地区 GDP 为 26.65 万亿元，占全国 GDP 的比重为 22%；西部地区 GDP 为 25.7 万亿元，占全国 GDP 的比重为 21%；东部地区 GDP 为 5.79 万亿元，占全国 GDP 的比重为 5%，中部地区和西部地区的 GDP 总和都无法超过东部地区（见图 6.3）。

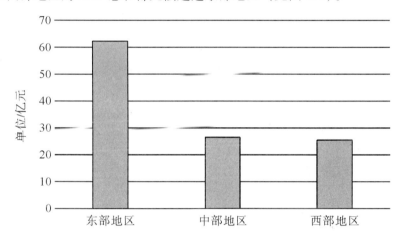

图 6.3 我国 2022 年 GDP 总量区域对比

数据来源：中国统计年鉴 2022。

在科技教育资源的分布上，从 985 工程院校、211 工程院校分布图（图 6.4）来看，东部地区的 985 工程院校、211 工程院校数量远远超过中、西部地区。

东、中、西部地区的对外开放程度由于区位因素也存在差距。虽然随着交通、信息技术的发展，地理位置对经济发展的影响会减弱，但是历史、社会背景对经济的影响效果却是持久的，并且难以改变。科技创新与金融支持都要以经济增长为目的，资源禀赋的差异会造成不同地区对科技创新产生不同的需求，在扶持科技创新的金融支持政策上，不按区域实际情况盲目注入金融资源发展科技创新，会挤占其他领域的金融资源，造成科技创新的金融资源错配，降低科技创新的金融支持效率。

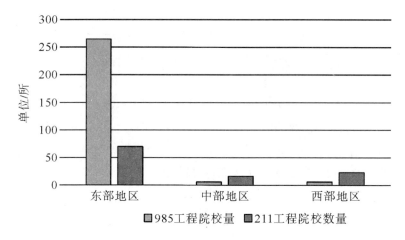

图 6.4　我国科技教育资源区域分布情况

数据来源：中国统计年鉴

（2）金融深化程度不够

根据 Mckinnon 和 Shaw 的金融深化理论，发展中国家普遍存在金融抑制现象。我国属于发展中国家，政府为了保障宏观经济的稳定运行，防控金融系统风险，对金融实行严格的干预和管制。

我国政府对金融的管制首先表现在对利率的控制上，目前我国贷款利率实现了市场化，但是存款利率还是在政策给定的区间内浮动，这会影响居民的储蓄倾向。在存款利率较低的时候，居民由于短视会把闲置资金投入利率较高的行业而不是存入银行，更不是初期获利较低的科技创新行业，这就会造成科技创新金融支持的不足；其次表现在金融行业竞争力不强，金融行业的垄断特征明显，金融资源集中在有限的大型商业银行手中，能够直接满足科技创新企业需求的中小银行和民营银行发展十分困难；最后是资本化率太低，我国资本市场的不完善，货币、劳动力和资源的资本化程度不高，科技创新的高风险特征决定了直接融资方式对其发展的重要性，但是由于金融深化程度不高，直接融资体系不健全，科技创新的金融支持效率必然降低。

（3）科技与金融没有实现深度融合

目前我国科技与金融还没有实现深度融合，科技与金融结合的效率也不高，科技对金融的支持不足。我国科技对金融的支持集中表现在创新了金融载体形式和风险管理模式。信用卡、移动支付、网上银行、股票交易系统、风险控制技术和互联网金融是科技对金融的最大贡献，在其他金融领域科技创新能够发挥的作用还十分有限，科技支持金融还存在许多制约因素。

6.2.2　基于微观层面的分析

（1）基于供给方

风险投资机构发展还不成熟，风险投资行业的从业者整体专业素质不高，在投资项目选择上存在短期逐利行为。由于科技创新活动的高收益难以在短期内实现，部分风险投资机构不愿意将资金提供给科技创新主体，造成科技创新主体的资金需求得不到满足。同时由于风险投资发展不成熟，在参与科技创新企业的营运管理中对资金使用效率监管不到位，导致风险投资资金使用效率低下。

商业银行为科技创新主体供给资金的意愿不强。商业银行的经营目标和风险偏好决定了商业银行不愿意为科技创新主体提供资金，而我国的金融资源又主要集中在少数大型国有商业银行手中，广大中小型科技创新企业要从这些银行手中获取资金的难度十分大。

保险公司和担保机构进行产品创新的成本较高。科技创新涉及的主体、行业领域以及金融需求十分多元，单一的金融产品设计无法满足科技创新主体的需求，保险公司和担保机构要进行产品设计的难度较大，需要花费大量的人、财、物力，保险公司和担保机构出于收益－成本的考虑，在短期内不愿意为科技创新提供服务。

（2）基于需求方

科技创新企业。科技创新企业的资产规模小，财务制度不健全，抵押物缺乏，创新活动开展的不确定性较大，属于弱势的金融市场参与者，缺乏话语权。中小科技创新企业制度不完善，管理混乱，无法形成完善的企业治理结构，不具备获取金融资源供给的条件。

高校和科研机构。高校和科研机构科研经费财务制度不健全，在管理方面存在漏洞，导致资金无法得到有效合理的利用。科技创新成果需要转化，目前我国高校和科研机构创新成果的转化率普遍不高，我国高校科技创新成果转化率在 10% 左右，发达国家这一数据高达 60%~80%，二者之间差距巨大。

创新团队和个人。创新团队和个人创新动力不足，创新成果与市场需求存在脱节。在资金使用上，投资者对于创新团队和个人资金使用的监管难度大，极易导致金融资金的浪费和错配。

7 优化我国科技创新金融支持的政策建议

根据上一章对金融支持程度和科技创新成果所做的实证分析可以看出直接金融支持程度、间接金融支持程度和政策性金融支持程度对科技创新发挥的作用。我国目前尚处于经济发展初级阶段，资本市场建设起步较晚并且很不完善，尤其是针对高新技术产业和新兴产业的创业板市场发展滞后，资本市场和风险投资这两种直接金融支持程度对科技创新的推动作用不明显。我国是以银行为主导的金融体系，金融中介在科技创新方面应该起到强有力的推动作用，但是由于我国银行的低风险偏好和长期形成的重视大企业的经营模式，科技创新企业在成立初期难以通过商业银行等金融机构获取发展资金，商业银行对于科技创新的推动作用十分有限。在政策性金融支持程度方面，我国的政策性金融支持程度对科技创新发挥了推动作用，但是作用效果因地区经济发展水平不同而存在较大的差异，这与地区的经济、社会、科技、文化等背景相关，因此在政策制定时还应该考虑到各地的实际情况，因地制宜，制定出符合地区实际的科技创新金融支持政策。结合前文所提到的科技创新金融支持供给者——政府、金融机构以及个人，本章考虑从供给主体角度出发，有针对性地提出优化科技创新金融支持体系的政策建议。

7.1 优化原则

通过本书第 5 章对我国科技创新金融支持存在的问题及成因分析，可以看出这些问题归根结底是由我国科技金融本身的高风险和信息不对称特征所导致的。根据实证研究的结果可知，我国金融支持与科技创新产出之间存在明显的双重门槛效应，经济发展水平决定了科技创新与金融支持之间的关系。在政策制定方面，首先要考虑的是地区的经济发展水平，在经济发展水平稳定的基础上再进一步探讨如何通过金融支持的增加来提升科技创新产出绩效，因此优化科技创新的金融支持供给应该围绕降低风险、减轻信息不对称以及实现金融资源优化配置的目标展开，并且分步、分类别设计优化科技创新金融支持的政策。由于本书是从供给主体角度提出的优化方案，这就必然涉及科技创新金融支持供给主体——政府、金融机构和个人，完善科技创新的金融支持供给要坚持政府发挥分类引导调控作用、金融机构发挥主导作用，以及个人发挥补充作用。

7.1.1　政府发挥分类引导调控作用

在政府对科技创新金融支持体系建设的作用层面，本章结合前文门槛效应模型的分析结果提出了政府的分类引导调控作用。门槛效应模型分析结果表明金融支持科技创新应该根据不同省（区、市）的经济发展水平进行分类引导，具体措施分两步：

第一步是对我国各省（区、市）的经济发展水平进行测定，对于经济发展水平较低的地区首先应该着力提升其经济发展水平，只有经济发展水平提升了，金融支持的增加才会带动科技创新产出的增加。

第二步是在经济发展水平良好的省（区、市）发挥好宏观调控的作用。科技创新的外部性决定了科技创新的金融支持兼有政策性金融与商业性金融两大属性，尤其是对于我国而言，政府在引导科技创新的金融资源配置方面起着十分重要的作用。政府的调控作用主要体现在引导、服务和监管三个方面。首先是政府的引导功能，目前我国大部分地区科技创新基础较为薄弱，社会资金对科技创新投入的积极性不够，需要政府发挥引导作用，以政策支持和政策性资金投入带动社会资金向科技创新产业流动；其次是政府的服务功能，服务功能主要体现在政府对于科技创新活动外部生态环境的构建方面，比如完善投融资体系、建设多层次资本市场、加强信用体系建设、将政府信用嵌入银行科技贷款发放等；最后是政府的监管功能，主要体现在对资金使用合法性的监管以及法律制度建设等方面。

值得注意的是，政府调控作用发挥还体现在不能让政府成为科技创新资金投入的主导，政府只能扮演调控者的角色，主导作用应该交由金融机构去发挥。

7.1.2 金融机构发挥主导作用

我国的金融体系是以银行为主导的间接金融体系，金融机构是金融资源的主要供给者，同时是科技金融市场上的主要参与者，在服务科技创新方面应发挥主导作用，主动为科技创新企业提供金融服务。为科技创新提供服务的金融机构类型很多，归纳起来主要有风险投资机构、政策性金融机构、商业银行、小额贷款公司、担保机构以及保险机构等。金融机构主导作用的发挥需要金融产品和服务的不断创新，使之与科技创新活动的需求相适应，金融机构应有针对性地设计符合科技创新企业需求的金融产品，在实现自己利润的同时推动科技创新活动的持续开展。

7.1.3 个人发挥补充作用

基于科技创新金融支持的供需主体和社会主导型的科技创新金融支持模式分析，个人也是科技创新金融支持体系中的供给者。部分科技创新企业在成立之初往往依靠个人的自有资金或凭借社会关系网络获取资金，还有处于种子期的科技创新企业所获取的天使投资的供给者也是个人。凭借社会网络为科技创新主体提供投资的个人往往基于信任和关系亲疏，虽然个人投资科技创新具有极大的随意性，但是在科技创新企业成立之初又可及时有效的发挥作用，因此个人作为科技创新金融支持的供给者是对政府和金融机构的重要补充。

7.2 具体措施

7.2.1 完善多元化的科技创新金融支持体系

（1）完善多层次资本市场

将我国的资本市场发展水平与发达国家相比较，可以发现二者之间存在较大差距，这是由于我国长期实行计划经济体制的历史原因造成的。改革开放以来，随着科技创新发展战略的提出，科技作为第一生产力被放在了越来越重要的位置，国家也愈发重视科技创新外部制度环境的优化。

我国金融市场体系建设滞后，各个层次的金融市场之间难以实现有效转换，主板市场的上市门槛较高，二板市场和三板市场建设虽然在进一步完善，但就目前的发展情况而言，还难以持续有效的发挥为科技创新企业融通资金的作用。创新的力量来自市场个体，如果外部环境不优化，个体创新的积极性就难以激发，多层次的金融市场基于不同的功能定位（见表7.1），能够满足科技创新主体在不同发展阶段对于资金的需求，与科技创新活动的生命周期适配（见表7.2），这对于激发创新主体的积极性至关重要，在完善多层次的资本市场方面主要有以下政策建议。

表 7.1　多层次资本市场的功能定位

多层次资本市场	功能定位	成立时间
主板	打造蓝筹股	1990 年
中小板	优质中小企业上市渠道	2004 年
创业板	高成长、创新企业的助推器	2009 年
场外交易市场	上市资源孵化器与蓄水池	2013 年
科创板	服务科技创新企业融资	2018 年

表 7.2　企业所属生命周期与多层次金融市场

企业生命周期	风险	对应可利用的金融市场
种子期	技术风险	债券市场
创业期	创业风险	场外交易市场、债券市场
成长期	经营风险	创业板
成熟期	风险较小	创业板市场、主板市场

完善资本市场，鼓励有条件的科技企业上市融资。要让科技进步迅速有效地推动产业升级，使传统产业转变为新兴产业，金融作用不可或缺，大国经济增长需要源源不断的金融资本力量去推动[①]。科技创新程度高的国家，其科技创新企业对于资本市场的依存度较高，健康的资本市场有助于科技创新主体通过公开、透明和风险匹配的方式获取资金，从而有利于科技创新活动持续有效的开展。科技创新企业也要积极吸纳上市融资的相关信息，增强企业的社会责任感，在企业内部建立现代产权制度和财务制度，做到产权清晰、权责明确，在提升企业自身实力的基础上结合国家创

---

① 吴晓求，许荣. 金融理论的发展及其演变 [J]. 中国人民大学学报，2014，28（4）：33-40.

新扶持政策，争取尽快上市融资。除此以外，我国是实行市场经济体制的国家，应该重视市场的基础性作用，但是受计划经济体制的长期影响，目前我国资本市场受国家政策的影响程度仍然较高，资本市场较为封闭，政府对于资本市场的行政干预过多不利于市场基础作用的发挥，也不利于资本市场活力的发挥。政府行为过多介入资本市场，最终影响的是上市主体的利益，这也不利于激发市场主体活力。如果科技创新主体缺乏活力，那么科技创新将无从谈起，因此完善资本市场还应当削弱政府对于资本市场的影响作用，保障市场基础调节作用的有效发挥。

加快创业板市场建设，解决创新企业资金不足问题。创业板市场是直接服务于高新技术产业的金融市场，其服务的对象具有高风险、高成长性和规模有限的特点，美国的纳斯达克股票市场就是服务科技创新的一个很好例证。我国创业板市场成立时间晚，目前难以有效发挥融资作用，对此应该着力加强对创业板市场的完善，降低门槛，放宽财务状况和经营业绩等硬性指标的限制，注重研发能力和发展潜力等软性指标的考量，鼓励有条件的科技创新企业在创业板上市，同时政府有必要根据在创业板上市的企业的特点对上市标准、发审制度等进行有针对性、符合我国实际的设计和创新。创业板服务的企业都是在生命周期的开端，具有规模小、风险大等特点，因此也应该积极完善创业板市场相关法律法规，并建立系统的针对亏损企业的退市标准和管理机制，保障科技创新企业的合法权益，促成科技创新企业的健康、可持续发展。

建设和完善场外交易市场。我国部分地区为贯彻落实科技创新发展战略，相继成立了场外交易场所，新三板就肩负着全国场外交易市场建设的任务。川藏股权交易中心、天津股权交易所、广州股权交易中心、齐鲁股权托管交易中心、重庆股份转让中心、浙江股权交易中心、上海股权托管交易中心和武汉股权托管交易中心等就为不同区域的科技创新企业融资提供了良好的平台，同时也对优质高新技术企业进入资本市场发挥了蓄水池和孵化器的作用。这些股权交易中心的职能定位是促进股权合理流转，有效聚集社会资本，实现社会资源的优化配置。从目前股权交易中心的实践来看，上市的科技企业数量十分有限，缺乏活跃度，融资功能较弱，场外交易市场服务于科技创新的作用效果不明显，应该对优质的科技型中小企业进行筛选，并对其进行相关知识的培训和辅导，引导其到交易所进行股权融资，满足科技创新企业不同发展阶段的资金需求。场外交易市场挂牌的科技企业良莠不齐，相关部门要加大对相关科技企业和项目的甄别力度，以维护场外交易市场的秩序，保障优质科技企业的利益，同时在现有试点的基础上，完善场外交易市场的各项功能，理顺组织架构，设计并建立合理科学的转板机制，探索做市商等多种交易制度，增强这一层次的活力，以及其对于科技企业的吸引力①。

大力发展债券市场。债券市场是多层次金融市场建设不可或缺的一个部分，公司债券是企业外部融资的首选方式，也是主要方式。虽然目前我国的债券市场已经成为中小企业的重要融资渠道，但是还有诸多有待改进之处，要发挥金融市场对于科技创新的支持作用，有必要对目前的债券市场进行改革。首先是完善企业债券发行相关法律法规。对企业发债的条件、发债规模以及资金使用途径等相关条款进行修订，简化程序、提高效率，鼓励企业进行债券融资。其次是创新债券品种，稳妥发展中小企业集合债券。中小企业集合债券是由一个核心机构作为牵头人，多个中小企业共同发起的，以信用资产为基础的企业债券形式，也称捆绑发债，这是中小企业融资模式的创新。中小企业集合债券体现了中小企业信用联合的特征，在具体操作过程中，中小企业使用统一的债券名称，制定一个总的发行额度，根据资本市场和企业自身情况确定各个企业的所占份额②。最后是要完善债券市场的监管制度，目前我国信用环境恶劣，缺乏完整科学的信用评估体系，有必要加大对债券市场的监管，完善相关配套体制。

（2）优化风险投资结构及外部环境

我国经历了40多年的改革开放，经济发展已经跨入了更新、更高层次，市场的基础性作用愈发明显，由于长期实行计划经济体制，目前我国市场的基础性作用没有充分发挥，市场经济中的计划色彩是社会主义市场经济发展进程中不容忽视的问题，无论是科技创新活动本身，还是风险投资活动，都需要一个自由且能够开展公平竞争的市场环境，同时还需要一系列的市场法律法规来进行保障。风险投资是一种由普通投资者提供资金，由专业的风险投资公司使用并管理该资金，一般以股权投资的方式投资于潜力巨大的新兴产业，并为其提供管理和咨询服务，最终以某种方式出售产权，以期获取新兴企业高收益的资本投资方式，其本质上是一种通

---

① 谢沛善. 中日高新技术产业发展的金融支持研究 [D]. 大连：东北财经大学，2010.

② 林洲钰，林汉川. 发展我国中小企业集合债的财税政策取向 [J]. 税务研究，2009（8）：21-24.

过支持新兴企业的创新活动而获得高额增值收益的投资制度①。我国的风险投资机构截至 2012 年年底已经超过 13 000 家，风险投资的主要投向为科技创新企业的成长期和成熟期，但是从发达国家的风险投资发展状况看，风险投资多是投向科技创新企业的种子期、初创期和成长期，科技创新活动最需要风险资金的阶段就是在企业生命周期的前三个阶段，但是由于我国资本市场的不完善，风险投资资金为了规避风险，倾向于为成熟期和成长期的科技企业提供资金，这与风险投资创立的初衷是相悖的。虽然国家日前出台了许多政策来激发风险投资机构为科技创新企业提供投资的积极性，但是由于市场大环境的限制，风险投资发展速度和规模与创新程度高的国家相比还存在较大的差距。

优化风险投资结构。首先，优化风险投资的资金来源结构，需要弱化政府的主导地位。虽然目前我国风险投资发展还不成熟，依然需要政府力量介入，但是需要弱化政府资金的主导地位，重视发挥政府资金对于民间资金的汲水作用，鼓励和吸引民间资金投入风险投资领域。其次，优化风险投资从业人员结构。风险投资是一个知识和技术密集型的行业，对于从业人员的专业知识和专业技能要求较高，目前我国不仅缺乏风险投资方面的人才，也缺乏风险投资理念，这与我国的文化背景有关，现阶段有必要采取措施提升风险投资的行业水平。风险投资机构本身要重视人才的选拔和培养，同时增强自身对于风险的容忍度，加强对风险投资项目的甄别能力，因为风险投资不是一种短期的逐利行为，而是要通过股权投资，获取创新企业长期发展的增值收益。最后，优化风险投资机构的体制结构。在我国，风险投资机构大多属于国企，若要增加风险投资企业自身活力，还需要体制上的进一步创新和改革。

优化风险投资的外部环境。首先就是要不断完善市场经济相关法律法规，使得风险投资主体的行为有法可依，只有在这样一个秩序良好和法制健全的市场上，风险投资才能够活跃发展。由于风险投资在我国出现的时间不长，需要的法律规范尚未形成和完善，因此应根据我国风险投资的特点，结合国外风险投资相关法律体系建设的经验，对我国风险投资和资本市场相关法律进行修订和完善。其次是要政府对风险投资进行政策引导。正如前文所述，我国的风险投资因为市场的不成熟，一般倾向于在创新企

---

① 隋振婵. 中国风险投资市场发展中的政府作用研究 [D]. 沈阳：辽宁大学，2012.

业发展的成长期和成熟期进行投资，在这一阶段企业往往可以通过在创业板或者主板上市融通获得资金，这就需要政府及时出台政策对风险投资机构进行税收减免和补贴，鼓励引导其在科技创新企业成立的种子期、初创期和成长期进行投资。政府对风险投资进行扶持的另一个重要原因就是风险投资具有正的外部效应，因此政府通过引导基金、政府担保等形式对风险投资行业进行扶持也符合客观经济规律，这也是国际上的通行做法。然而政府的政策投入要适度，以免造成风险投资机构对于政策的依赖性，否则反而会影响科技创新活动的持续有效开展。随着国家鼓励创新创业一系列政策的出台，风险投资机构能够在税负、银行贷款和财政补贴等方面享有优惠，但是因为政策出台的时间较晚，目前对于风险投资企业的激励作用尚不明显，尤其是在引导风险投资机构将资金投向转到企业初创期和种子期来的政策设计还需要进一步完善。需要注意的是，政府可以出台鼓励风险投资的引导政策，但不能过多干预风险投资，因为风险投资本应是以市场为基础的行为，我国的风险投资作为政府科技政策的一部分，带有十分明显的行政色彩，而国外的风险投资机构是为了追逐高额的风险投资收益而自发进行的投资，因此政府在引导风险投资时应该认清自己的位置，在风险投资发展到新的阶段时要及时退出，防止对风险投资行为的过多行政干预，这样才有利于风险投资真正发展成为企业和其他市场主体自发的经济行为。

（3）完善科技创新的金融服务机构

设立专业银行。就目前我国经济发展情况而言，市场的基础性作用尚未充分发挥，政府对经济干预程度较高，加上资本市场发展不成熟，市场主体自发地对科技创新企业进行投融资的可能性比较小。在这一阶段，政策性金融能够发挥作用的空间比较大，因此应该加强政策性银行对于科技创新的金融支持力度。按照资源禀赋理论，在我国发展中小企业是最有效率的，因此可以考虑借鉴国外经验，设立专门为科技创新企业提供服务的政策性银行，比如美国设立的专门为中小企业提供服务的中小企业管理局，日本的中小企业金融公库、国民金融公库，以及英国的中小企业发展和创新局等，这些政策性金融机构的设立很好地顺应了经济发展规律，对促进本国中小企业和创新企业发展发挥了举足轻重的作用。我国政策性银行有国家开发银行、中国农业发展银行和中国进出口银行，但是没有专门为科技创新提供服务的政策性金融机构。随着国家创新发展战略的提出，各个政策性银行及分支机构都纷纷推出了科技贷款。我国政策性银行对于科技创新的金融支持投入力度逐年加大，但是其产生的效益却有不尽如人意之处，因此政策性银行在加大科技创新投入力度的同时，应该更加注重政策性金融的投入产出效益，以最有效率的方式支持科技创新活动开展。

推进科技金融服务平台建设。科技金融服务平台是政府将风险投资机构、保险公司、证券公司、担保机构和科技银行等金融主体的科技金融资源进行全方位系统整合，为科技创新主体提供覆盖其生命周期的金融资源配置的平台。从美国硅谷、日本，以及我国的北京中关村、武汉光谷和成都高新区的科技金融实践来看，由政府推动的科技金融服务平台建设具有十分重要的意义，它能够将科技金融供给方与需求方直接联系起来，高效契合科技创新主体的金融需求，在同一地域范围内完成科技金融资源的有效配置。我国武汉光谷科技金融服务中心、成都高新区的赢创动力在实现科技企业和金融机构对接上就发挥了重要作用。在推进科技金融服务平台建设方面，政府应从宏观和微观两个层面出发，着力构建全国性和区域性的科技金融服务平台。

扶持科技小额贷款公司发展。科技小额贷款公司面临的主要问题一方面是科技小额贷款公司发展不成熟，另一方面是经营模式缺乏灵活性。因此扶持科技小额贷款公司发展应该从以下四个方面着手，一是给予科技小额贷款公司宽松的政策环境，在税收、资金补贴等方面给予科技小额贷款公司一定的支持和帮扶，对发展较好、为科技企业做出贡献的科技小额贷款公司进行奖励，减少对于科技小额贷款公司的行政干预，并借鉴国外民间金融机构发展的经验对科技小额贷款机构的现有运行机制进行创新和完善。二是在贷款额度上放开限制。一般而言，开展科技创新活动需要的资金量是十分巨大的，若是把科技小额贷款公司的贷款额度限制过死，便难以发挥其对科技创新活动提供资金的作用，因此在贷款额度上应该适当放松限制，同时为了鼓励民间资本投入科技小额贷款公司，可以授权允许小额贷款公司吸收机构投资人的大额存款，开展委托贷款业务[①]。三是在部分小额贷款公司进行试点，推行市场化利率，利率由科技小额贷款公司根据资金供求情况自行决定，以满足科技小额贷款公司盈利要求，实现科技小额贷款公司的可持续发展。四是加强对于科技小额贷款公司的监管约

---

① 毛军吉. 科技小额贷款的制度创新 [J]. 开放导报, 2013 (1): 95-97.

束，将其纳入公开、透明的金融监管体系中来。

规范互联网金融机构的发展。互联网金融是科技与金融创新相结合的产物，是新发展起来的一种金融模式。互联网金融虽然潜藏着巨大的风险，但是其发展是必然的历史趋势，美国把握住互联网金融发展的契机，利用互联网金融发展科技创新，不断创造出发展奇迹。虽然互联网金融在我国出现的时间不长，政府尚未出台针对互联网金融发展的相关法律，互联网金融在我国的发展还不成熟，也缺乏相应的监管制度，但是互联网金融对于中小型科技企业融资具有不容小觑的作用，并且从世界各国互联网金融发展的实践经验来看，科技创新都需要互联网金融的支持。在发展互联网金融方面，首先要顺应金融发展规律，加强宏观顶层设计，引导互联网金融健康发展。政府相关部门要顺应金融改革的趋势，要大力支持互联网金融的发展，不能因为互联网金融风险大就限制这一新生事物的发展，对互联网金融发展要在政策层面进行合理的引导。其次是要加强互联网金融模式的创新，尤其是风险控制模式的创新，尝试"网络联保融资＋担保"模式，这一模式以互联网为基础，多家企业联合起来向银行申请贷款，企业之间承担无限连带责任①。这种模式能够有效降低信息不对称造成的风险，企业向银行申请贷款的成功率会提高，因为它是由多家企业联合起来并且承担无限连带责任，企业之间能够建立起内部的风险约束机制，即便是其中一家企业无法偿还贷款，其他企业也会向投资者偿还贷款，支付利息，这一创新模式有效降低了金融系统风险，同时有利于激发投资者向科技创新活动投资的意愿。最后是要建立起科学合理的互联网金融监管制度，一方面要做到加强监管，防范金融风险，另一方面又不能够监管过度，否则将会阻碍互联网金融的发展。互联网金融是自发性制度变迁，是在经济发展过程中内生出来的，对科技创新具有十分重要的作用，并且互联网金融的出现也顺应了"金融脱媒"的金融改革趋势，在监管制度的设计上要体现出监管的开放性、包容性和有效性，坚持鼓励与规范并重，培育和防范并举，构建包括市场自律、法律规制和政府适度监管在内的三位一体监管网络②，而其中法律规制是最重要的一项，市场经济是法治经济，互联网金融是市场经济的内生产物，只有加强法律制度的完善，使得互联网金融的行为模式有法可依，并且做到违法必究，市场主体的利益才能从

---

① 刘俊棋. 互联网金融与科技型中小企业融资研究 [J]. 学术探索, 2014 (12): 124-131.
② 年猛，王垚. 互联网金融：美国经验与启示 [J]. 经济体制改革, 2015 (3): 178-181.

根本上得到保障，市场秩序也才能从根本上得到完善。

科技保险机构一方面应着力创新科技保险险种，有针对性地为科技创新主体服务，以期分散科技创新的高风险，同时探索专利保险，对科技创新主体的专利和知识产权进行保险，通过险种创新推动科技创新活动的开展；另一方面，科技保险机构应考虑到科技保险的投保金额较高，可探索将科技保险资金集中起来形成资金池，并将资金池中的资金用于支持创业风险投资。科技保险机构将保险资金进行创业风险投资，势必会产生风险，这也需要政府从宏观层面对科技保险进行奖励或者补偿，同时以财政资金为后盾对科技保险进行再保险，以充分调动科技保险机构服务科技创新活动的积极性。

7.2.2 因地制宜实施科技创新的金融支持政策

前文实证分析结果表明金融支持对科技创新的影响存在门槛效应，金融对科技创新的影响效果与经济发展水平密切相关。在经济发展水平较低的第一类地区，如新疆、宁夏等地区，金融投入增加会降低科技创新产出，主要是因为该类地区金融资源相对有限，金融支持科技创新的力度增加会削弱金融对经济发展领域的支持力度，从而导致经济产出的下降，降低其对科技创新的需求；该类地区短期内应该将有限的金融资源投入其他对金融支持需求更加迫切的领域，对于短期可能出现的技术约束，可以考虑通过外部引入的方式进行满足，而在长期内应该注重金融体系建设，增加金融资源存量。在经济发展水平相对较高的第二类地区，如四川、安徽等地区，金融投入增加会显著增加科技创新产出，该类地区应该着重加大金融对科技创新的支持力度。在经济发展水平最高的第三类地区，如北京、上海等地，金融投入也会增加科技创新产出，但支持力度明显小于第二类地区，主要原因是当经济发展到一定阶段后，科技创新金融支持会出现边际收益递减现象，该部分地区在保持一定规模科技创新金融投入的基础上，更多的应该是改善金融支持科技创新发展的环境，完善科技创新金融支持的体制机制。不同地区的科技创新金融支持政策制定依据如表7.3所示。

表 7.3　不同地区的科技创新金融支持政策制定依据

地区分类	经济发展水平	金融对科技创新的影响效果及原因	科技创新金融支持政策	代表性地区
第一类地区	经济发展水平较低、金融资源匮乏	金融投入增加会降低科技创新产出。主要原因是金融资源相对有限，金融支持科技创新的力度增加会削弱金融对经济发展领域的支持力度，从而导致经济产出的下降，降低其对科技创新的需求	短期内应该将有限的金融资源投入其他对金融支持需求更加迫切的领域，对于短期可能出现的技术约束，可以考虑通过外部引入的方式进行满足，而在长期内应该注重金融体系建设，增加金融资源存量	新疆、甘肃、宁夏等
第二类地区	经济发展水平相对较高	金融投入会显著增加科技创新产出	大力增加科技创新金融支持力度	四川、安徽等
第三类地区	经济发展水平较高	金融投入会增加科技创新产出，但金融对科技创新的促进效果明显低于第二类地区。主要原因是经济发展到一定阶段后，科技创新金融支持会出现边际收益递减	在保持一定规模科技创新金融投入的基础上，更多的应该是改善金融支持科技创新发展的环境、完善科技创新金融支持的体制机制	北京、天津、浙江等

（1）第一类地区的科技创新金融支持政策

第一类地区按地理区域划分主要集中于我国西部，对于第一类地区要从以金融发展促进经济增长水平提升和对外引入创新成果两个方面着手，并将服务实体经济作为完善科技创新金融支持的最终目标。

在以金融发展促进经济水平提升方面，一是提升金融支持实体经济发展的水平和效率；二是优化金融结构，由于第一类地区经济发展水平较低，金融结构必然也是不完善的，因此有必要在当地条件允许的前提下，丰富金融业态、金融载体和金融存在形式，建立与当地经济规模匹配的金融机构，积极投入资金扶持当地优势产业的发展；三是重视国家政策的引导作用，由于第一类地区资源匮乏，经济基础薄弱，创新环境恶劣，完全依靠本地已有的资源难以获得发展，需要国家在金融资源投入方面对这类地区进行适当的倾斜，以满足这些地区经济发展对于金融支持的需求。

在对外引入创新成果方面。第一类地区科技创新与金融支持之间呈反向的变化关系，投入金融资源必然造成科技创新金融资源的错配和浪费，但这并不代表第一类地区就没有科技创新的需求。科技创新对经济增长能够发挥直接的推动作用，并且科技创新还能推动金融创新，通过丰富金融载体形式，提升金融对经济增长的支持效率，因此第一类地区仍然存在科技创新的需求。为了满足第一类地区的科技创新需求，需要政府出资吸收和引入其他地区的科技创新成果，将成果运用于本地实体经济的发展，进而带动经济增长率的提高。

（2）第二类地区的科技创新金融支持政策

第二类地区在我国按区域划分主要包括中部地区和少部分西部地区（重庆、成都等地），以及东部地区部分城市，这些地区金融支持与科技创新呈正向的变化关系，这也表示金融投入的增加会带来科技创新产出的增加，对于完善此类地区的科技创新支持可以从以下四个方面着手：首先，增加科技创新的金融支持供给数量，包括金融产品数量和金融服务数量；其次，提升科技创新金融支持供给质量，供给质量主要体现在金融产品和服务要与科技创新主体的需求相适应；再次，提升供给的效率，科技创新对金融支持的需求是巨大的，但金融资源是有限的，为了更合理地配置金融资源，满足科技创新发展的要求，提升金融供给效率就十分关键；最后，优化金融供给的外部环境。

（3）第三类地区的科技创新金融支持政策

第三类地区在地理区域上看，主要包括东部沿海的发达城市，这些城市科技创新发展迅速，金融体系发达，科技创新和金融深度融合，共同推动经济发展。就这部分地区科技创新金融支持的现实发展情况看，金融支持供给能够满足科技创新发展的需要，随着金融支持投入量的增加，科技创新边际产出递减，因此应着力从"质"的方面完善科技创新的金融支持。首先，重视科技创新与金融支持之间的耦合关系，在以金融支持科技创新的同时，重视科技创新与金融创新的结合；其次，完善科技创新的金融支持作用机制；最后，着力完善科技创新金融支持发挥作用的外部环境，包括建立法律与监管体系。

7.2.3 提升科技创新的金融支持效率

（1）供给主体角度

政府在增加金融支持数量供给方面，应该考虑如何提升资金的使用效率。提升资金使用效率可从以下三个方面着手：首先是对资金使用方向进行持续监管，保证专款专用；其次是政府相关职能部门应加大与金融机构的联系，建立通畅的信息沟通机制，及时了解金融机构在服务科技创新方面存在的困难，增强资金使用的针对性；最后是创新资金扶持的方式，科技金融市场瞬息万变，一成不变的贴息、补贴、奖励，久而久之会产生边际递减效应。

在金融机构创新金融产品的同时，政府相关部门也应该创新政策性资金的投入方式。金融机构要不断提升产品设计和服务的精准度。首先，商业银行应该创新金融产品，提供与科技创新融资需求相适应的金融产品供给，比如创新抵押物、创新金融产品和科技信贷模式。其次，风险投资机构要通过提升从业人员素质来提升产品设计和服务的精准度。风险投资是一个知识和技术密集型的行业，对于从业人员的专业知识和专业技能要求较高。目前我国不仅缺乏风险投资方面的人才，也缺乏风险投资理念，这与我国的文化背景有关，现阶段有必要采取措施提升风险投资行业的水平。从风险投资机构本身来看，要重视人才的选拔和培养，同时要增强自身对于风险的容忍度，加强对风险投资项目的甄别能力，因为风险投资不是一种短期的逐利行为，而是要通过股权投资，获取创新企业长期发展的增值收益。在我国风险投资机构大多属于国企，若要增加风险投资企业自身活力，还需要体制上面进一步创新和改革。从风险投资从业人员来看，风险投资机构的从业人员应该不断提升自我职业素质，积极吸收国内外先进的风险投资专业知识，拓展风险投资知识的广度和深度。最后，科技保险机构。科技保险机构在科技创新的金融支持体系建设中扮演着越来越重要的角色，科技保险机构一方面应着力创新科技保险险种，有针对性地为科技创新主体服务，以期分散科技创新的高风险，同时探索专利保险，对科技创新主体的专利和知识产权进行保险，通过险种创新推动科技创新活动的开展；另一方面，应考虑到科技保险的投保金额较高，可探索将科技保险资金集中起来形成资金池，并将资金池中的资金用于支持创业风险投资。科技保险机构将保险资金进行创业风险投资，势必会产生风险，这也需要政府从宏观层面对科技保险进行奖励或者补偿，同时以财政资金为后盾对科技保险进行再保险，以充分调动科技保险机构服务科技创新活动的积极性。

个人对科技创新金融支持的供给主要体现在风险投资早期的天使投资和民间借贷行为方面，作为天使投资主体的个人应该提升甄别科技项目的能力，增强为科技创新投资的意识，积极为科技创新企业注资。目前我国缺乏专业的天使投资家，合格的天使投资人不仅要拥有雄厚的资金实力，还要有较高的管理水平和丰富的社会资源，天使投资人应不断在投资实践中积累资源和经验，为科技创新活动的开展贡献自己的力量。个人在民间借贷供给方面，与科技创新主体主要是关系型融资关系，有时候可能并不清楚投资项目的具体情况，也会基于与科技创新主体的关系将资金投入科技项目之中。民间借贷行为中作为资金供给方的个人应该从提升自我社会责任感出发，加深对科技创新活动的理解，一方面要看到科技创新活动的高投入和高风险，也要看到高收益，从而积极为科技创新企业注资，并提升资金使用效率；另一方面，加大对科技项目的甄别力度，将资金投入有价值的科技创新活动上，不能因为与科技创新主体的关系而盲目注资，这也能够促使科技创新主体更合理地使用借入资金。

（2）需求主体角度

科技创新的金融支持需求主体主要包括企业、高校和科研机构、创新团队和个人，科技创新主体提升科技创新金融支持效率的途径主要包括以下两个。

①提升自身素质，增强获取金融资金的可能性。企业盈利能力越强，越容易融通获取资金，因此企业要不断完善治理结构，健全财务会计制度，增强自身的盈利能力，使自身能够符合上市融资条件以及银行信贷发放条件；高校和科研机构是非营利性质的，要想融通获取资金，就需要创新出能为经济发展做贡献的成果。因此高校和科研机构要重视科学创新和科技成果的转化；创新团队和个人则是要积极提升创新能力，以过硬的创新成果吸引资金投入。

②合理、高效地使用资金。企业要重视资金的使用效率，尤其是政策性资金的使用效率，借入资金本身就有使用成本和风险，这会对企业提升资金使用效率形成内在的激励。然而政策性资金由于资金使用成本低，可能会存在浪费现象，因此企业应该珍惜和重视政策性资金的使用；高校和科研机构使用的资金主要是科研经费，要想合理、高效地使用科研经费就要加强对科研经费的规范管理，健全高校和科研机构的财务预算制度，并强化外部监管；创新团队和个人主要从规范、创新资金用途方面来提升资金的使用效率。

7.2.4　创新金融监管模式

科技创新活动具有高风险、高投入和高收益的特征，其金融支持的渠道包括三个：一是政策性金融支持（如财政投入、政策资金投入等）；二是直接金融支持，资本市场融资、风险投资便属于这一类；三是间接金融支持，科技企业通过金融中介机构（如银行、科技小额贷公司、互联网金融等）进行融资，以获得这些金融机构的间接金融支持。通过分析科技创新金融支持的渠道，可以发现每一条渠道都存在金融风险，尤其是直接金融支持和间接金融支持，在间接金融支持渠道中的互联网金融作为新生事物，缺少法律方面的规制，因此潜藏的风险更大，监管的必要性也愈发突出。对科技创新的金融支持渠道进行合理有效的监管能够规范金融市场主体行为，有效防范和降低科技创新活动融资过程中产生的风险，维护金融体系的安全和稳定，有利于科技创新活动的持续健康开展。

要想满足科技创新主体创新的需要，金融支持就要不断地进行金融创新。金融创新也存在风险，为更好地把控科技金融领域的金融创新风险，有必要创新监管模式，"沙盒监管"是各国实践证明比较有效的金融创新监管模式，"沙盒监管"最早源于英国，在新加坡、澳大利亚以及中国香港地区被广泛运用，"沙盒监管"以试验的方式隔离出专门的区域，在有效区域内，金融创新的风险能够被最大限度地容忍，即使金融创新主体进行的创新结果触犯了法律，但是在沙盒内也可以免于处罚。政府通过"沙盒监管"既保护了金融创新主体的积极性，又能够了解到金融创新行为可能引发的风险，这对提高监管的有效性意义重大。因此适当借鉴"沙盒监管"模式，将专门为科技创新设计的金融产品使用纳入有限的使用范围，对其作用和风险进行测定，在划定的有限使用范围内，金融产品的实施风险和后果可由政府承担，这就保护了金融机构为科技创新企业提供产品和服务的积极性，能够对我国金融创新服务科技创新产生一定的效果。

7.2.5　加强科技创新与金融创新的融合

完善科技创新的金融支持对策不能仅从金融的角度考虑，还需要考虑科技创新与金融创新的双向互动关系，不仅金融能发挥对科技创新的支持作用，科技创新也能够发挥其对金融的支持作用。基于二者之间的耦合关系，在完善科技创新金融支持方面需要加强科技创新与金融创新的融合。

科技创新与金融创新的融合需要做到以下三点：

一是科技创新与金融创新的融合要坚持以金融发展为先导。金融创新以技术创新为基础，技术创新为金融创新提供了可能。技术与金融的结合要重视金融市场和金融中介功能的发挥，积极完善金融机制和体制，以促使金融支持资源配置、资本形成、激励约束、风险分散和信息揭示作用机制的有效发挥，使金融为科技创新服务，技术创新成果运用到金融领域能对金融产生革命性的影响，比如我国移动支付技术的完善就极大提升了金融资源的配置效率。

二是重视科技与金融协同创新的作用。协同创新是创新主体之间进行资源共享、知识分享的行为过程或机制，创新主体通过现代信息技术构建的平台进行交流和协助以实现创新，协同创新本身就是一类复杂的组织创新模式。科技与金融的协同发展促使金融业态、产品和服务得以创新与优化，从而能够更好地服务科技创新，促使科技创新成果更高效地转化为社会财富，科技创新成果的财富化又反作用于金融业，金融信息化、综合化经营均得益于科技创新的推动。因此二者是协同发展，共同为实体经济服务的。科技创新的金融供给主体在金融产品和金融服务的供给方面也要始终秉承创新理念，科技创新主体在生命周期的每一个阶段都会产生多样化的融资需求，而目前科技金融产品的特性都较为单一，缺乏集科技保险、贷款、投资等多种功能于一体的复合型金融产品，因此金融机构在支持科技创新方面应该专注对金融产品的创新。在这里值得注意的是，我国部分省份建立了科技金融协同中心，以期金融在此平台上更好地为科技创新服务，但是部分省份的科技金融协同中心能够发挥的作用十分有限，其原因主要是科技创新与金融创新的协同并不是简单的物理空间上的聚集，而是需要内在的共同动力去推进，平台搭建仅是协同的一种形式，要让协同创新落到实处还需要政府、科技创新主体和金融机构共同作用。

三是建立科技创新产融集团。产融集团的建立能够增加企业利润增长点，缓解科技创新主体的融资约束，降低融资成本，通过产融集团功能的发挥还有助于提高资金使用的规范性、合理性，提升金融资金的使用效率。

参考文献

［1］约瑟夫·熊彼特. 经济发展理论（中译本）［M］. 何畏，易家祥，译. 北京：商务印书馆，2000.

［2］约瑟夫·熊彼特. 资本主义、社会主义与民主［M］. 绛枫，译. 北京：商务印书馆，1979.

［3］卡洛塔·佩蕾丝. 技术革命与金融资本 泡沫与黄金时代的动力学［M］. 田方萌，等译. 北京：人民大学出版社，2007.

［4］盛学军. 全球化背景下的金融监管法律问题研究［M］. 北京：法律出版社，2008.

［5］约翰·S. 戈登. 伟大的博弈：华尔街金融帝国的崛起［M］. 祁斌，译. 北京：中信出版社，2011

［6］马克思. 马克思恩格斯全集［M］. 中共中央马克思恩格列宁斯大林著作编译局，译. 北京：人民出版社，1958.

［7］中共中央马克思恩格斯列宁斯大林著作编译局. 资本论：第三卷［M］. 北京：人民出版社，2007.

［8］赵昌文，陈春发，唐英凯. 科技金融［M］. 北京：科学出版社，2009

［9］杨力，杨凌霄，张紫婷. 金融支持、科技创新与产业结构升级［J］. 会计与经济研究，2022，36（5）：89-104.

［10］李合龙，陈孝明. 金融科技对粤港澳大湾区科技创新的影响研究［J］. 暨南学报（哲学社会科学版），2023，45（6）：108-123.

［11］李键江，付子甜，段玮洁. 低碳经济背景下碳金融支持创新型企业技术创新的现状及其对策研究［J］. 科学管理研究，2023，41（1）：158-164.

［32］陈文晖，王婧倩. 中小企业创新发展的金融政策及长期制度选择［J］. 宏观经济管理，2022（8）：65-71.

［13］李露. 动态演化视角下金融供给侧支持科技创新研究［J］. 科学

管理研究，2022，40（2）：147-154.

［14］龚强，马洁，班铭媛. 数字经济创新的金融支持与适应性监管 ［J］. 北京交通大学学报（社会科学版），2021，20（3）：60-70.

［15］杜琰琰，束兰根. 从美国风险贷款看中国科技金融 ［J］. 新金融，2013（7）：30-34.

［16］吴晓求. 中国资本市场未来10年发展的战略目标与政策重心 ［J］. 中国人民大学学报，2012（2）：32-41.

［17］余琰，罗炜，李怡宗，等. 国有风险投资的投资行为和投资成效 ［J］. 经济研究，2014，49（2）：32-46.

［18］朱鸿明，赵昌文. 中美科技银行比较研究：兼论如何发展我国的 科技银行 ［J］. 科技进步与对策，2012（5）：84-91.

［19］林毅夫，李永军. 中小金融机构发展和中小企业融资 ［J］. 经济研究，2001（1）：11-18.

［20］买忆媛. 开发性金融机构在企业技术创新过程中的作用 ［J］. 研究与发展管理，2005（4）：79-82.

［21］HICKS J. A theory of economic history ［M］. Oxford：Clarendon Press，1971.

［22］MCKINNON R I. Money and capital in economics development ［J］. American Political Science Review，1973，68（4）：1822-1824.

［23］SHAW E. Financial depending in economic development ［M］. Oxford：Oxford University Press，1973.

［24］KING R，LEVINE R，Finance and growth，schumpeter might be right ［J］. Quarterly Journal of Economics，1993，108，717-738.

［25］HELLMANT. The interraction between product market and financing strategy：the role of venture capital ［J］. Review of financial studies，2000，13（4）：959-984.